쉽고 재미있게 생각하는 연산!

연산력 수학

노크

C3
(초1~초2)

세 수의 계산

노크의 구성

하루에 4쪽
20일 완성

연산 학습 ▶ 하루에 4쪽씩 한 가지 주제를 학습합니다.

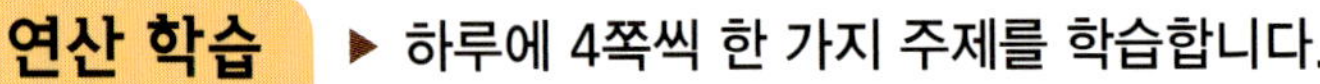
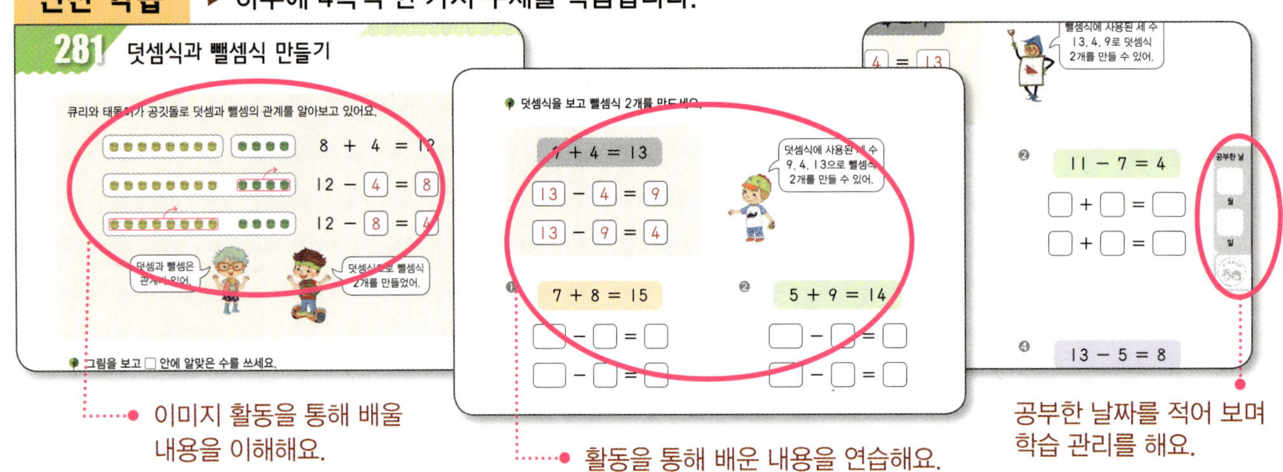

이미지 활동을 통해 배울 내용을 이해해요.

활동을 통해 배운 내용을 연습해요.

공부한 날짜를 적어 보며 학습 관리를 해요.

평가 ▶ 배웠던 주제를 평가해 봅니다.

"문제 생성기" QR코드를 이용하면 여러 문제를 더 풀어 볼 수 있어요.

연산 보충 학습 ▶ 연산 학습의 부족한 부분을 연습합니다.

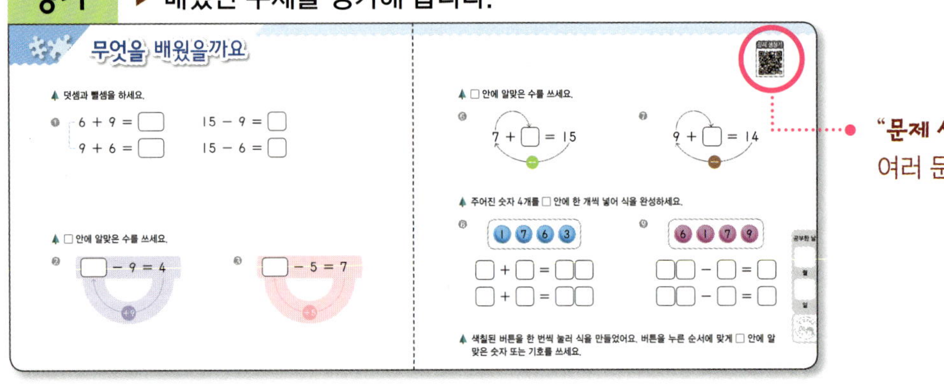

각 주제별로 학습했던 연산 학습 중 연습이 더 필요한 부분을 본책 맨 뒤에서 제공합니다.
해당 연산 학습을 끝낸 후에 사용하세요.

연산력 수학 노크만의 스마트 학습

문제 생성기

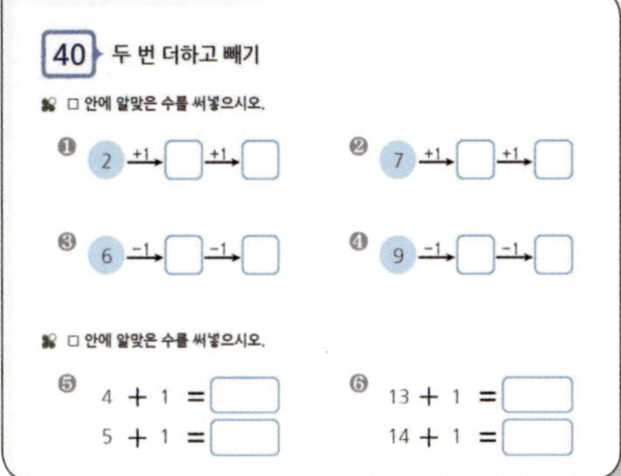

"무엇을 배웠을까요"를 풀고 난 후 QR코드를 찍어 보세요.
새로운 문제들이 계속 생성됩니다.
출력하여 사용하세요.

연산력 게임

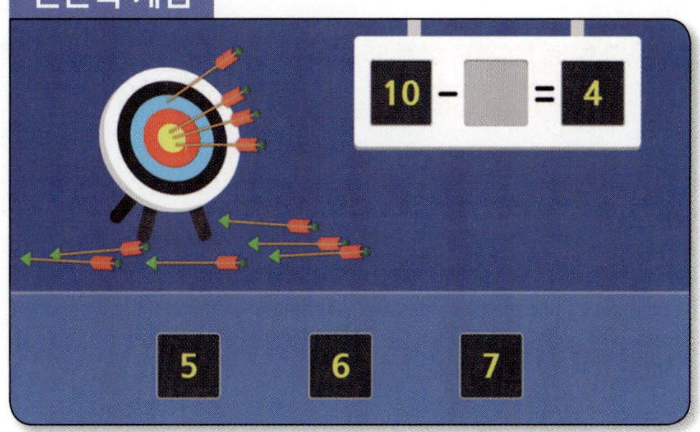

"연산력 게임" 코너에 있는 QR코드를 찍어 보세요.
연산 학습과 연계된 재미있는 연산력 게임을 할 수 있습니다.

연산력 수학 노크에 나오는 친구들을 소개해요!!

모험가 친구들

태돌
추진력 리더

현우
끈기 대장

큐리
호기심 해결사

티나
치밀한 전략가

마법사 멀린과 수학 요정

마법사 멀린

꼬마 요괴

딴소리

한입

장난

딴짓

멍하니

잠만자

울보

거꾸로

노크랜드로
출발해 볼까?

덧셈과 뺄셈의 관계

▶ 연산 보충 학습(102~103쪽)에서 더 풀어 보세요.

학부모 지도 가이드

이 책에서는 덧셈과 뺄셈의 관계 및 세 수의 계산에 대해서 배우게 됩니다.

$$8 + 4 = 12$$

$$12 - 4 = 8$$

$$12 - 8 = 4$$

이번 차시에서는 덧셈과 뺄셈의 관계에 대해 배우면서 □가 있는 덧셈 및 뺄셈의 원리를 알게 합니다. 아이들이 많이 어려워하는 부분이므로 이번 차시를 통해 □가 있는 덧셈과 뺄셈 문제에 대한 자신감을 길러주세요.

덧셈식과 뺄셈식 만들기

큐리와 태돌이가 공깃돌로 덧셈과 뺄셈의 관계를 알아보고 있어요.

$$8 + 4 = 12$$

$$12 - 4 = 8$$

$$12 - 8 = 4$$

🌳 그림을 보고 ☐ 안에 알맞은 수를 쓰세요.

❶ 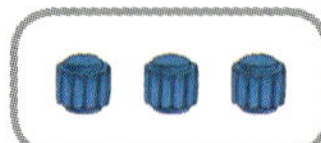 

$$3 + 8 = 11$$

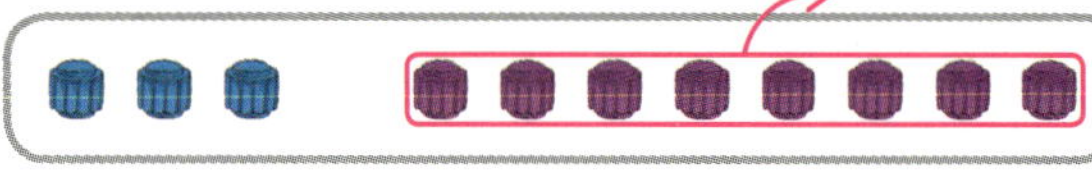

$$11 - \boxed{} = \boxed{}$$

$$11 - \boxed{} = \boxed{}$$

❷  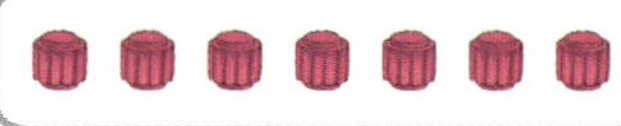 

$$7 + 6 = 13$$

$$13 - \boxed{} = \boxed{}$$

$$13 - \boxed{} = \boxed{}$$

🌱 **덧셈식을 보고 뺄셈식 2개를 만드세요.**

$$9 + 4 = 13$$

$$13 - 4 = 9$$

$$13 - 9 = 4$$

❶ 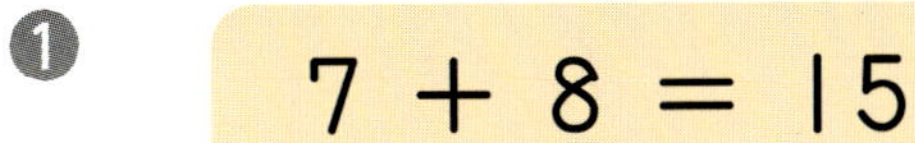

$$7 + 8 = 15$$

$$\square - \square = \square$$

$$\square - \square = \square$$

❷

$$5 + 9 = 14$$

$$\square - \square = \square$$

$$\square - \square = \square$$

❸

$$9 + 3 = 12$$

$$\square - \square = \square$$

$$\square - \square = \square$$

❹

$$8 + 6 = 14$$

$$\square - \square = \square$$

$$\square - \square = \square$$

태돌이와 티나가 구슬로 뺄셈과 덧셈의 관계를 알아보고 있어요.

$$12 - 4 = 8$$

$$8 + \boxed{4} = \boxed{12}$$

$$4 + \boxed{8} = \boxed{12}$$

🌳 그림을 보고 ☐ 안에 알맞은 수를 쓰세요.

❶
$$14 - 6 = 8$$

$$8 + \boxed{} = \boxed{}$$

$$6 + \boxed{} = \boxed{}$$

❷
$$11 - 5 = 6$$

$$6 + \boxed{} = \boxed{}$$

$$5 + \boxed{} = \boxed{}$$

$$13 - 4 = 9$$

$$9 + 4 = 13$$

$$4 + 9 = 13$$

❶
$$14 - 9 = 5$$

☐ + ☐ = ☐

☐ + ☐ = ☐

❷
$$11 - 7 = 4$$

☐ + ☐ = ☐

☐ + ☐ = ☐

❸
$$15 - 8 = 7$$

☐ + ☐ = ☐

☐ + ☐ = ☐

❹
$$13 - 5 = 8$$

☐ + ☐ = ☐

☐ + ☐ = ☐

공부한 날

월

일

덧셈식과 뺄셈식

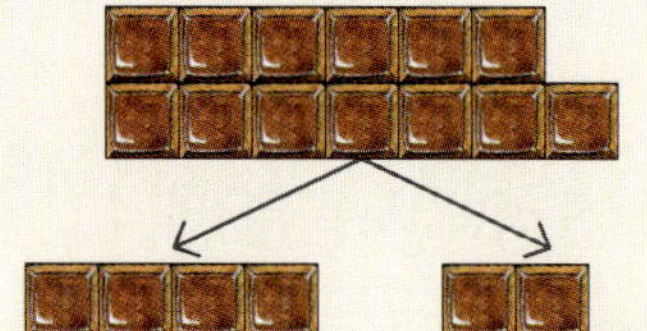

큐리는 초콜릿을 2부분으로 나누었어요.

$8 + 5 = \boxed{13}$ $13 - 5 = \boxed{8}$

$5 + 8 = \boxed{13}$ $13 - 8 = \boxed{5}$

🌳 그림을 보고 덧셈과 뺄셈을 하세요.

❶ 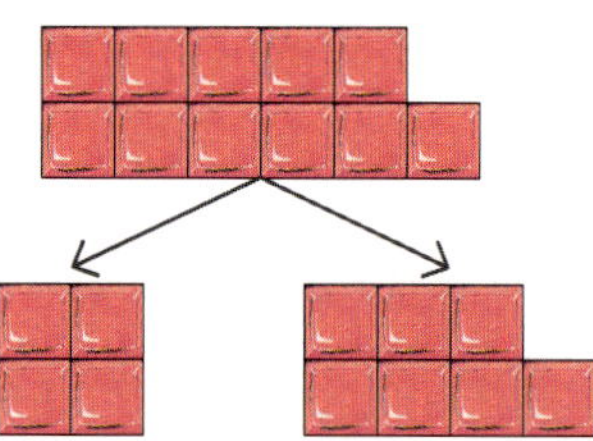

$4 + 7 = \boxed{}$ $11 - 7 = \boxed{}$

$7 + 4 = \boxed{}$ $11 - 4 = \boxed{}$

❷ 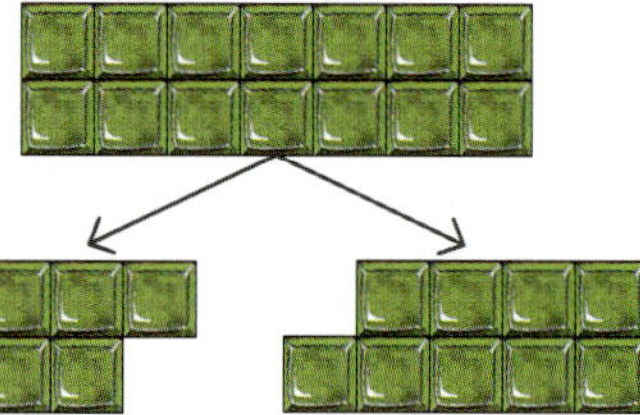

$5 + 9 = \boxed{}$ $14 - 9 = \boxed{}$

$9 + 5 = \boxed{}$ $14 - 5 = \boxed{}$

❸ 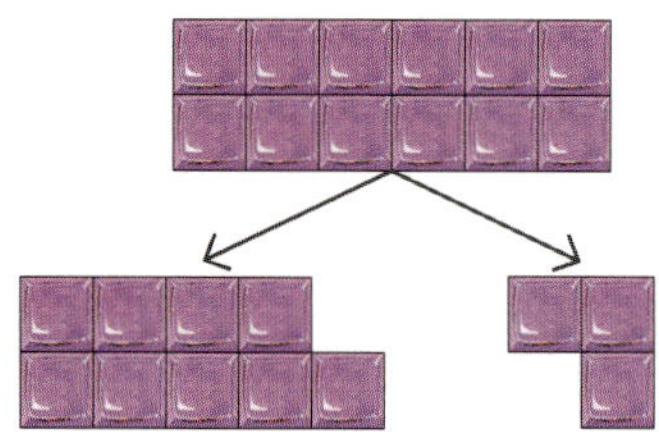

$9 + 3 = \boxed{}$ $12 - 3 = \boxed{}$

$3 + 9 = \boxed{}$ $12 - 9 = \boxed{}$

덧셈과 뺄셈을 하세요.

$$5 + 6 = \boxed{11} \qquad 11 - 6 = \boxed{5}$$
$$6 + 5 = \boxed{11} \qquad 11 - 5 = \boxed{6}$$

❶
$$7 + 5 = \boxed{} \qquad 12 - 5 = \boxed{}$$
$$5 + 7 = \boxed{} \qquad 12 - 7 = \boxed{}$$

❷
$$8 + 9 = \boxed{} \qquad 17 - 9 = \boxed{}$$
$$9 + 8 = \boxed{} \qquad 17 - 8 = \boxed{}$$

❸
$$6 + 7 = \boxed{} \qquad 13 - 7 = \boxed{}$$
$$7 + 6 = \boxed{} \qquad 13 - 6 = \boxed{}$$

❹
$$4 + 8 = \boxed{} \qquad 12 - 8 = \boxed{}$$
$$8 + 4 = \boxed{} \qquad 12 - 4 = \boxed{}$$

태돌이와 현우가 수 가르기를 하고 덧셈과 뺄셈을 하고 있어요.

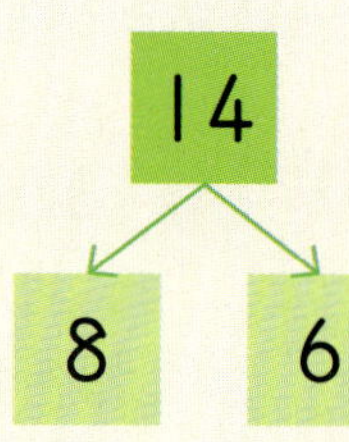

14

8   6

$8 + 6 = \boxed{14}$ $14 - 6 = \boxed{8}$

$6 + 8 = \boxed{14}$ $14 - 8 = \boxed{6}$

🌱 두 수로 갈랐어요. 덧셈과 뺄셈을 하세요.

❶
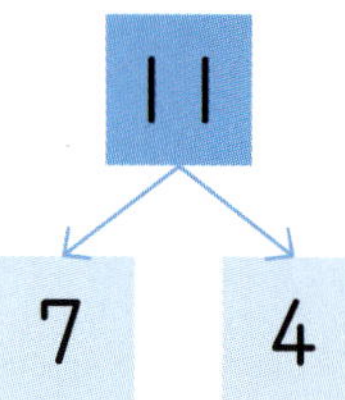

11

7   4

$4 + 7 = \boxed{}$ $11 - 7 = \boxed{}$

$7 + 4 = \boxed{}$ $11 - 4 = \boxed{}$

❷
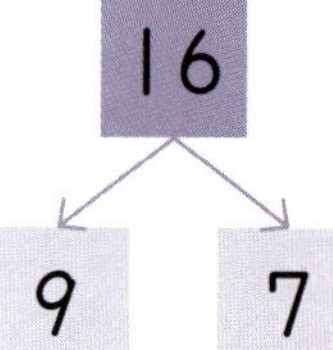

16

9   7

$9 + 7 = \boxed{}$ $16 - 7 = \boxed{}$

$7 + 9 = \boxed{}$ $16 - 9 = \boxed{}$

❸
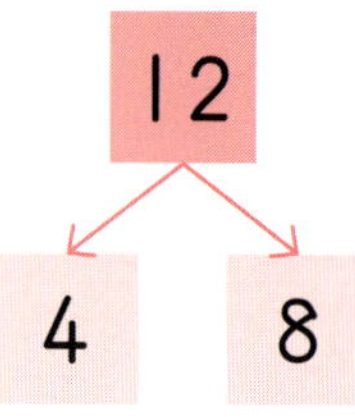

12

4   8

$4 + 8 = \boxed{}$ $12 - 8 = \boxed{}$

$8 + 4 = \boxed{}$ $12 - 4 = \boxed{}$

🌳 덧셈과 뺄셈을 하세요.

$$9 + 4 = \boxed{13} \qquad 13 - 4 = \boxed{9}$$
$$4 + 9 = \boxed{13} \qquad 13 - 9 = \boxed{4}$$

❶ $8 + 7 = \boxed{}$ $\qquad$ $15 - 7 = \boxed{}$
 $7 + 8 = \boxed{}$ $\qquad$ $15 - 8 = \boxed{}$

❷ $5 + 8 = \boxed{}$ $\qquad$ $13 - 8 = \boxed{}$
 $8 + 5 = \boxed{}$ $\qquad$ $13 - 5 = \boxed{}$

❸ $6 + 9 = \boxed{}$ $\qquad$ $15 - 9 = \boxed{}$
 $9 + 6 = \boxed{}$ $\qquad$ $15 - 6 = \boxed{}$

❹ $7 + 6 = \boxed{}$ $\qquad$ $13 - 6 = \boxed{}$
 $6 + 7 = \boxed{}$ $\qquad$ $13 - 7 = \boxed{}$

공부한 날

월

일

덧셈을 이용한 □가 있는 뺄셈

덧셈과 뺄셈 기차가 반대 방향으로 달려가고 있어요.

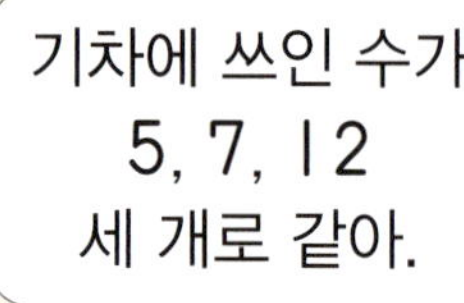

□ 안에 알맞은 수를 쓰세요.

① 

② 

③ 

④ 

□ 안에 알맞은 수를 쓰세요.

$$8 + 3 = \boxed{11}$$
$$\boxed{11} - 3 = 8$$

❶ $9 + 3 = \boxed{}$
$\boxed{} - 3 = 9$

❷ $8 + 5 = \boxed{}$
$\boxed{} - 5 = 8$

❸ $8 + 9 = \boxed{}$
$\boxed{} - 9 = 8$

❹ $4 + 7 = \boxed{}$
$\boxed{} - 7 = 4$

❺ $6 + 8 = \boxed{}$
$\boxed{} - 8 = 6$

❻ $6 + 6 = \boxed{}$
$\boxed{} - 6 = 6$

❼ $9 + 7 = \boxed{}$
$\boxed{} - 7 = 9$

❽ $9 + 4 = \boxed{}$
$\boxed{} - 4 = 9$

태돌이와 티나가 □가 있는 뺄셈을 하고 있어요.

🌳 □ 안에 알맞은 수를 쓰세요.

❶
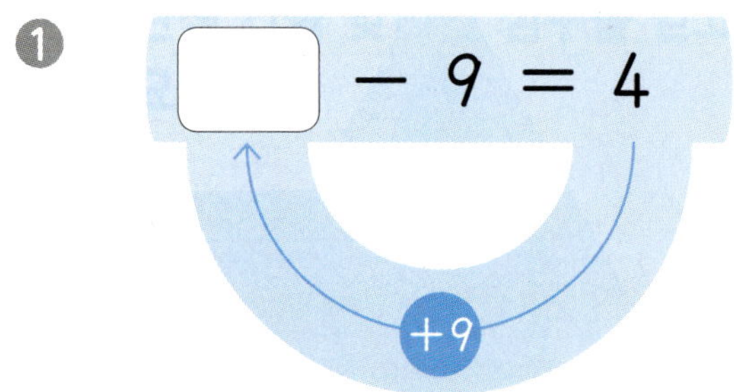

❷
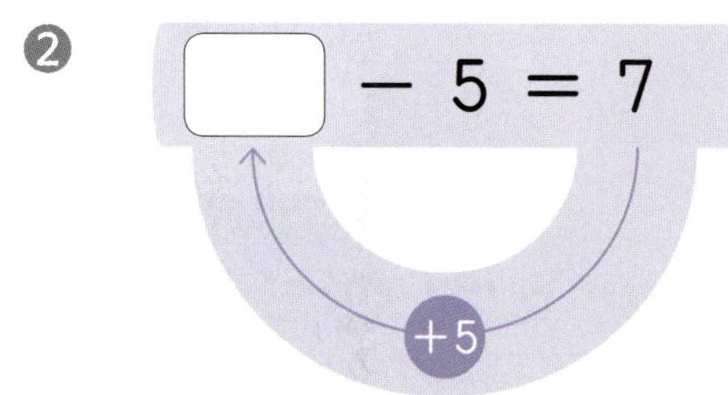

❸
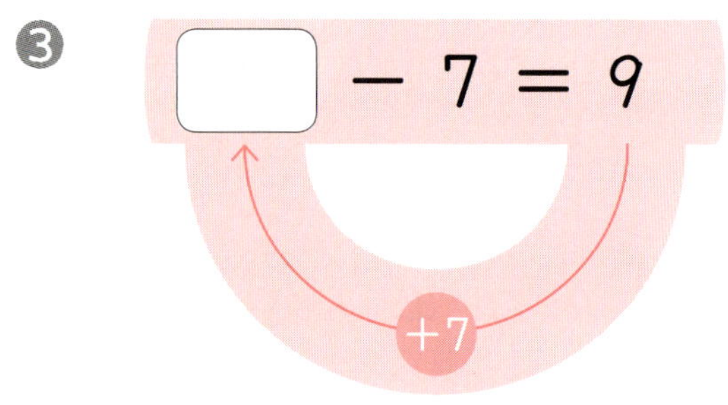

❹
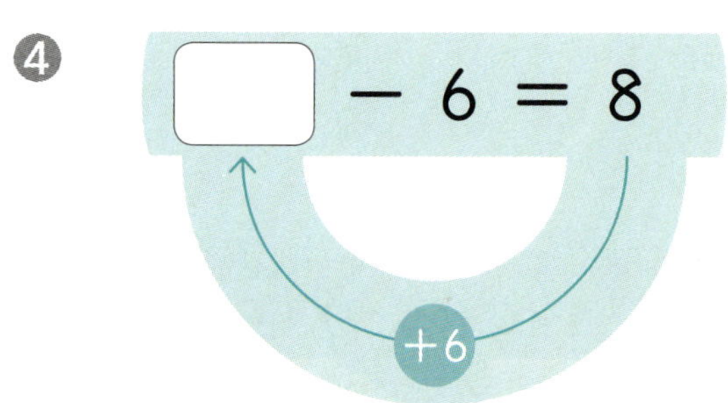

🌳 ☐ 안에 알맞은 수를 쓰세요.

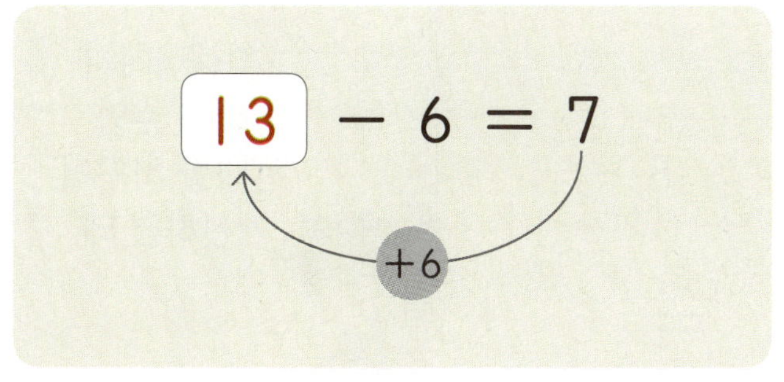

$$13 - 6 = 7 \quad (+6)$$

❶ ☐ $- 4 = 7 \quad (+4)$

❷ ☐ $- 5 = 9 \quad (+5)$

❸ ☐ $- 7 = 8 \quad (+7)$

❹ ☐ $- 8 = 4 \quad (+8)$

❺ ☐ $- 5 = 8 \quad (+5)$

❻ ☐ $- 9 = 2 \quad (+9)$

❼ ☐ $- 9 = 9 \quad (+9)$

❽ ☐ $- 9 = 5 \quad (+9)$

뺄셈을 이용한 ☐가 있는 뺄셈

태돌이는 큰 막대의 길이와 같게 되도록 작은 막대 2개를 붙였어요.

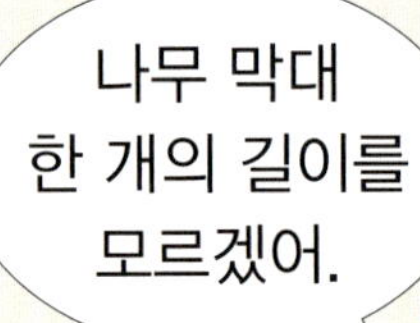

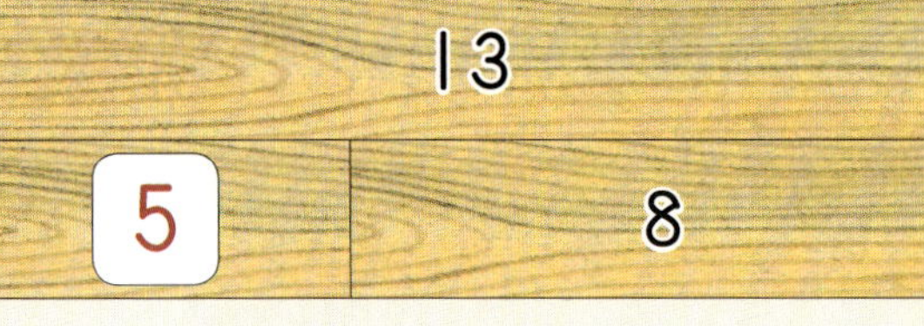

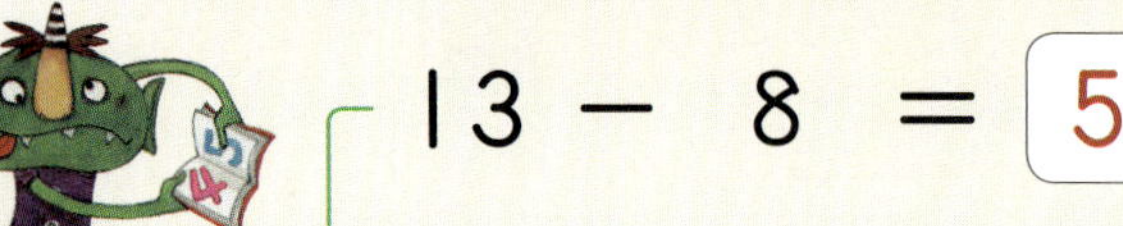

$$13 - 8 = \boxed{5}$$
$$13 - \boxed{5} = 8$$

🌳 ☐ 안에 알맞은 수를 쓰세요.

❶ 

$$12 - 4 = \boxed{}$$
$$12 - \boxed{} = 4$$

❷ 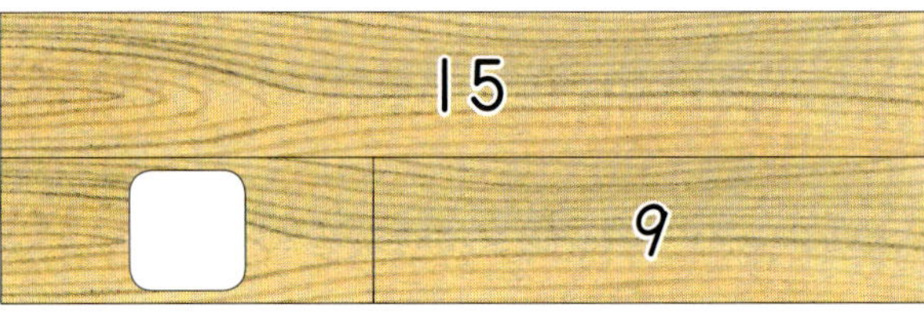

$$15 - 9 = \boxed{}$$
$$15 - \boxed{} = 9$$

❸ 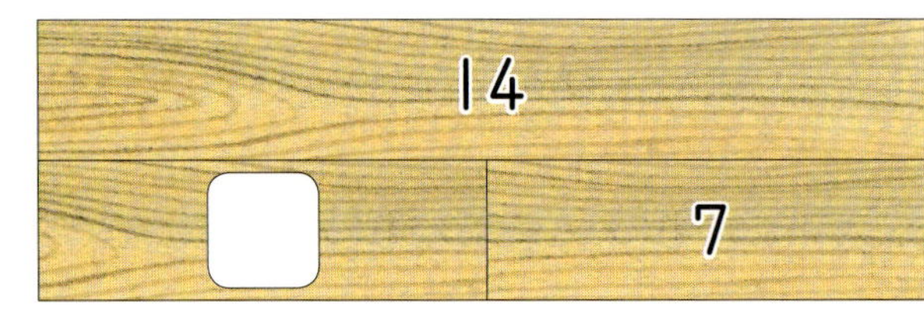

$$14 - 7 = \boxed{}$$
$$14 - \boxed{} = 7$$

● □ 안에 알맞은 수를 쓰세요.

$$12 - 7 = \boxed{5}$$
$$12 - \boxed{5} = 7$$

① $11 - 5 = \boxed{}$
$11 - \boxed{} = 5$

② $13 - 9 = \boxed{}$
$13 - \boxed{} = 9$

③ $16 - 8 = \boxed{}$
$16 - \boxed{} = 8$

④ $13 - 8 = \boxed{}$
$13 - \boxed{} = 8$

⑤ $13 - 6 = \boxed{}$
$13 - \boxed{} = 6$

⑥ $14 - 6 = \boxed{}$
$14 - \boxed{} = 6$

큐리와 현우가 □가 있는 뺄셈을 하고 있어요.

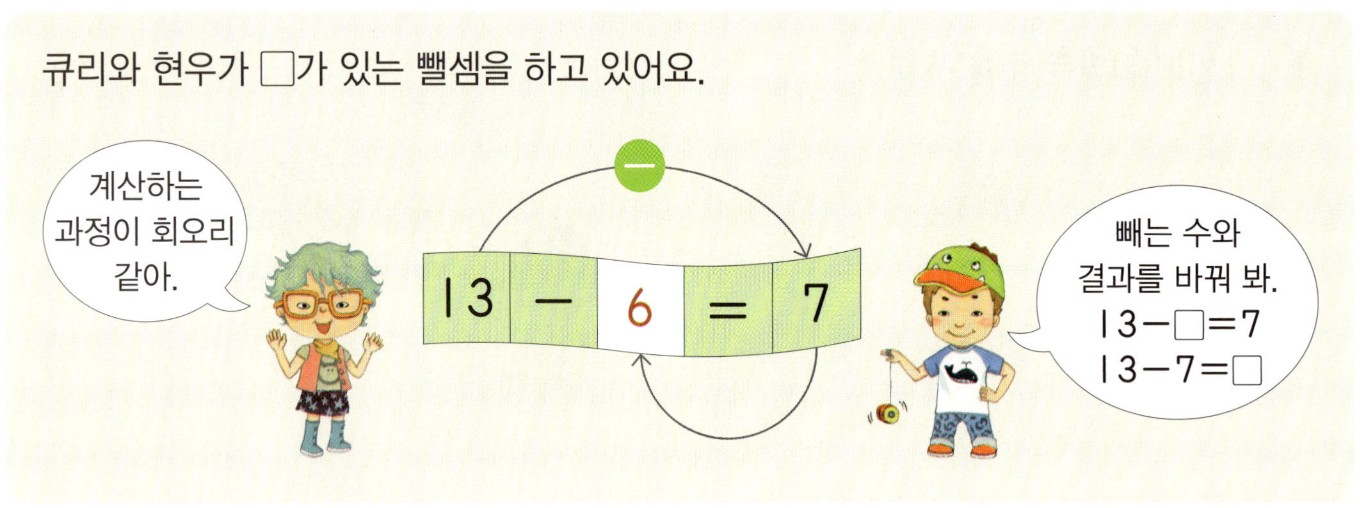

🌳 빈 곳에 알맞은 수를 쓰세요.

❶ 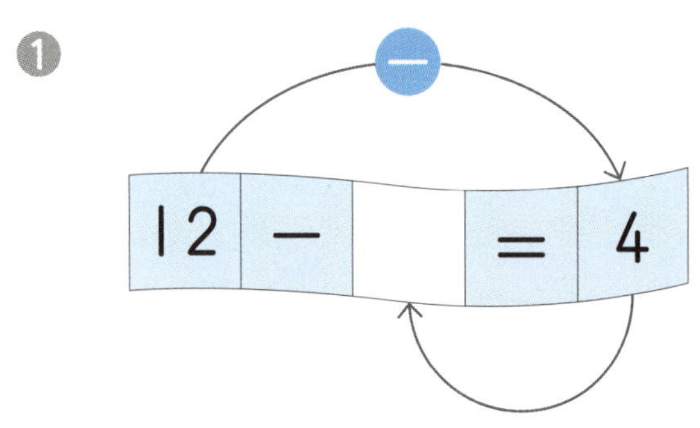

❷ 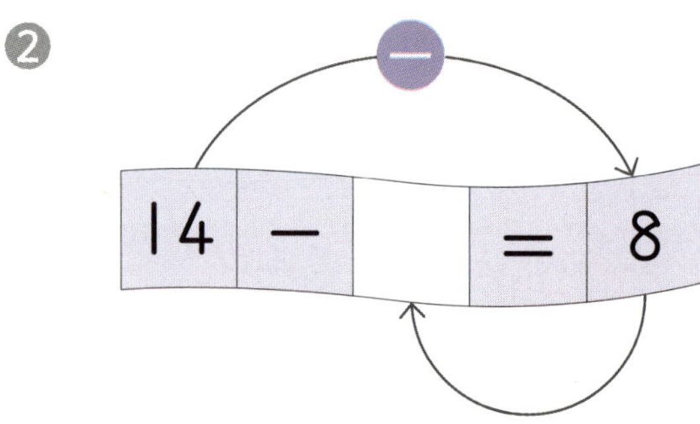

❸ 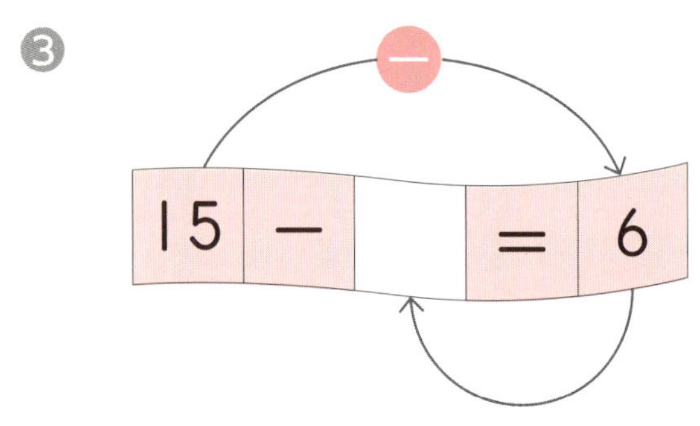

❹ 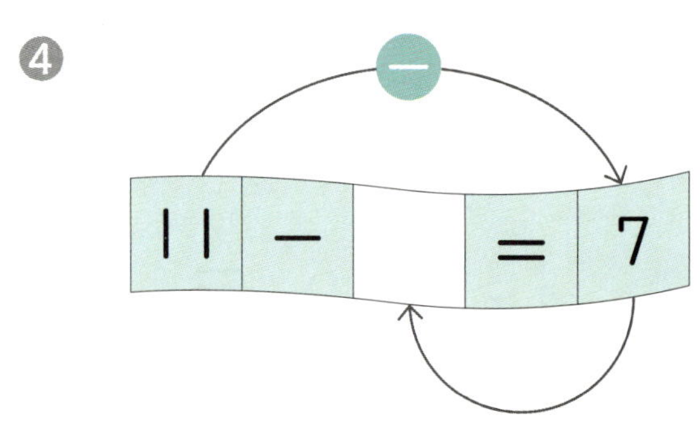

□ 안에 알맞은 수를 쓰세요.

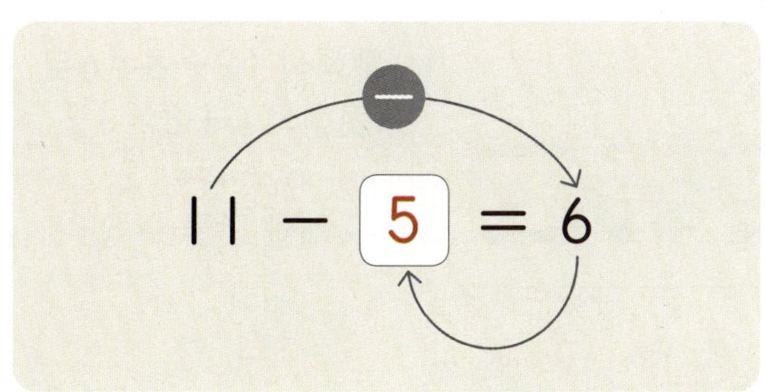

11 − [5] = 6

11−6을 하면 □ 안에 들어갈 수를 알 수 있어.

❶ 15 − □ = 8

❷ 12 − □ = 6

❸ 11 − □ = 8

❹ 13 − □ = 5

❺ 16 − □ = 7

❻ 12 − □ = 8

❼ 13 − □ = 8

❽ 18 − □ = 9

공부한 날 월 일

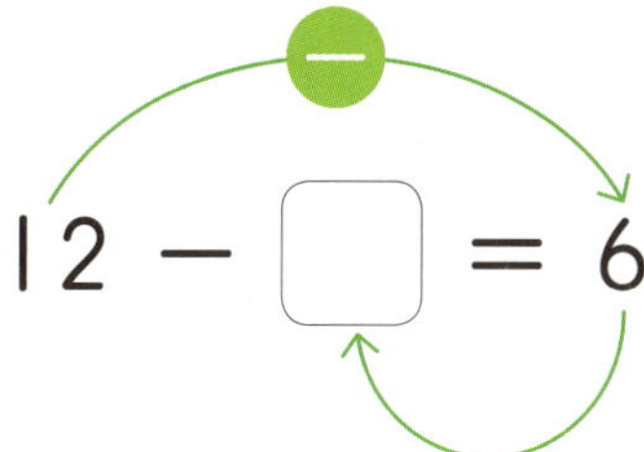

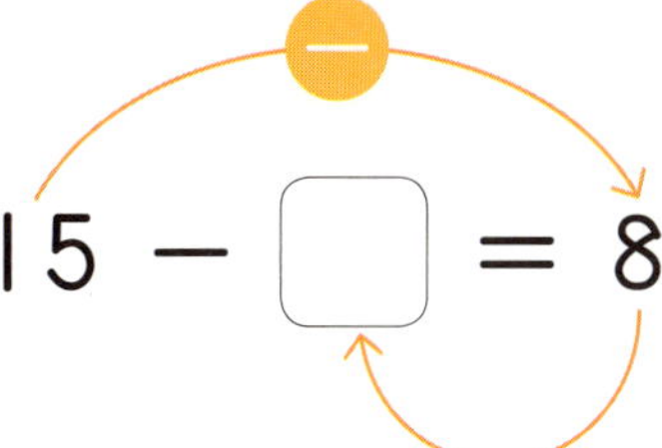

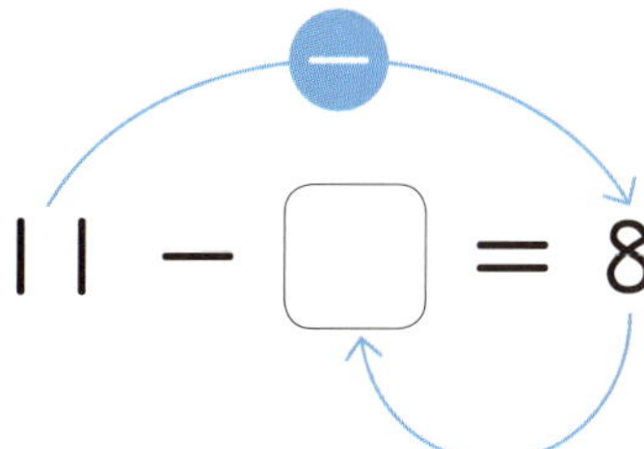

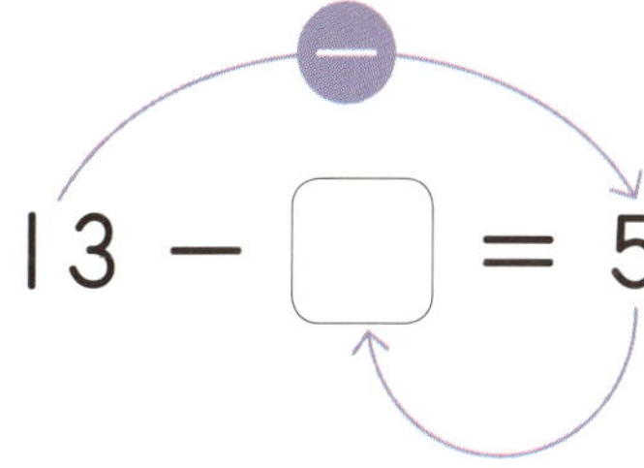

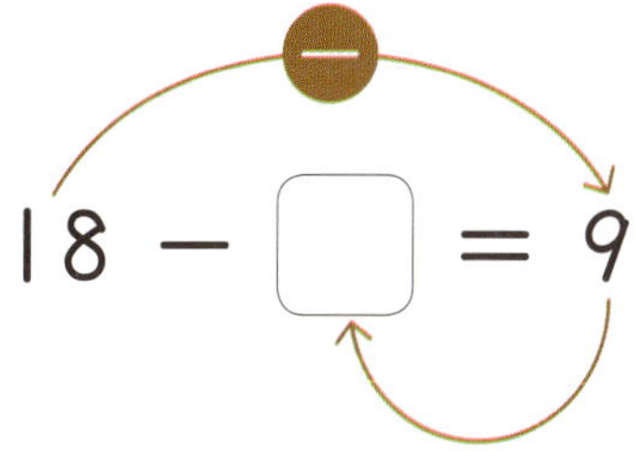

뺄셈을 이용한 □가 있는 덧셈

덧셈과 뺄셈 기차가 방향을 바꾸어 달리고 있어요.

🌳 □ 안에 알맞은 수를 쓰세요.

❶ 

❷ 

❸ 

❹ 

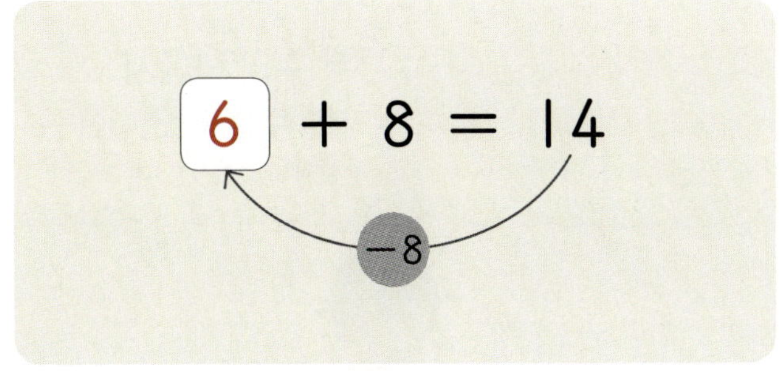

❶ □ + 5 = 12
−5

❷ □ + 2 = 11
−2

❸ □ + 9 = 15
−9

❹ □ + 8 = 13
−8

❺ □ + 6 = 12
−6

❻ □ + 9 = 13
−9

❼ □ + 8 = 17
−8

❽ □ + 7 = 15
−7

큐리와 티나가 ☐가 있는 덧셈을 하고 있어요.

🌳 빈 곳에 알맞은 수를 쓰세요.

❶

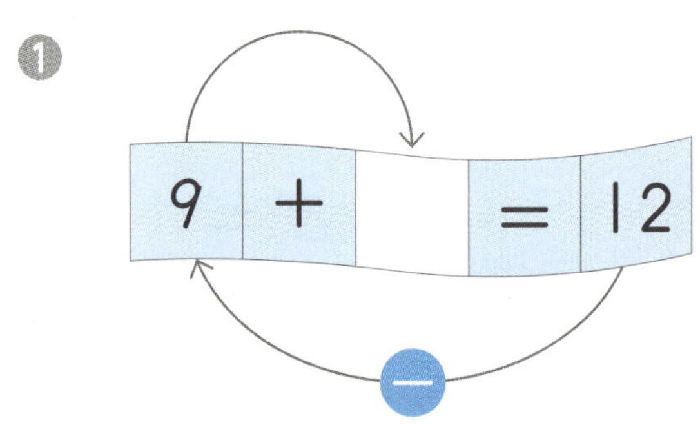

❷

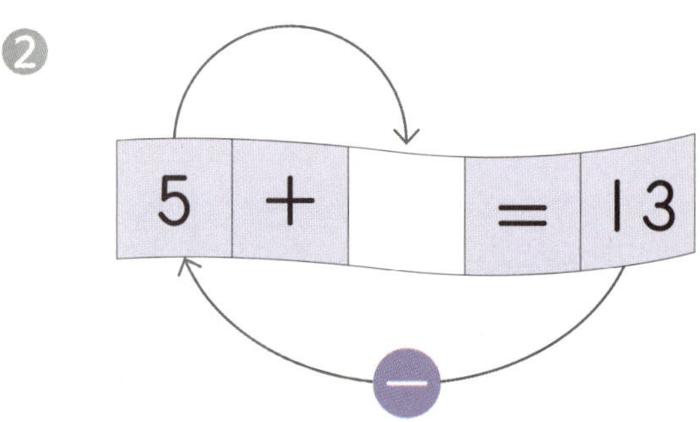

❸

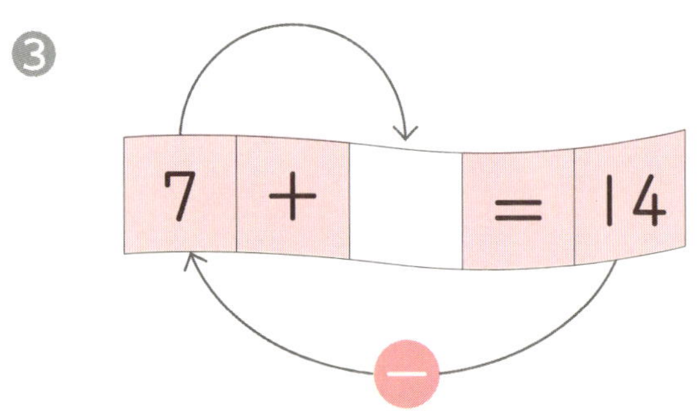

❹

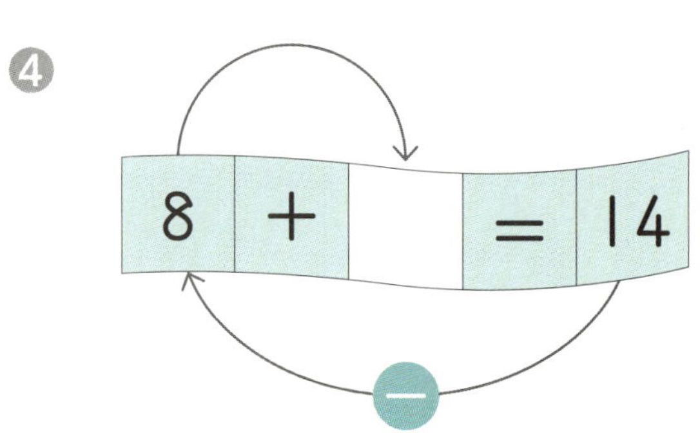

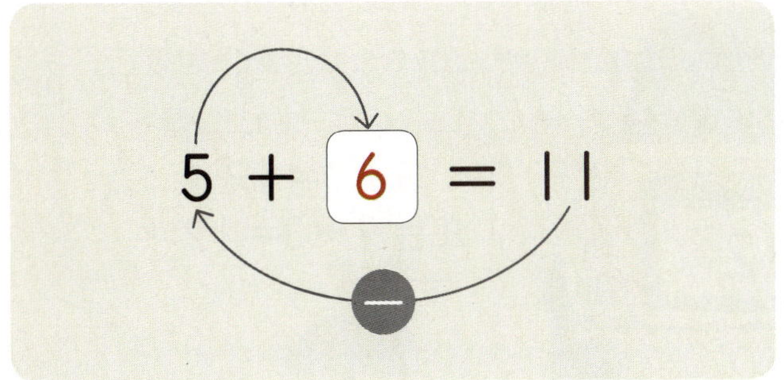

❶
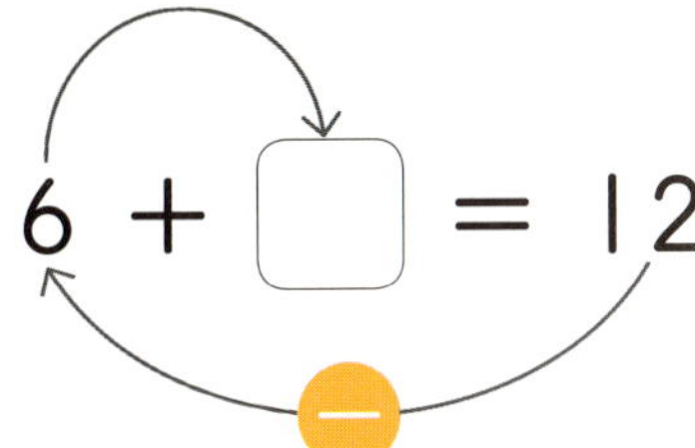

❷

❸
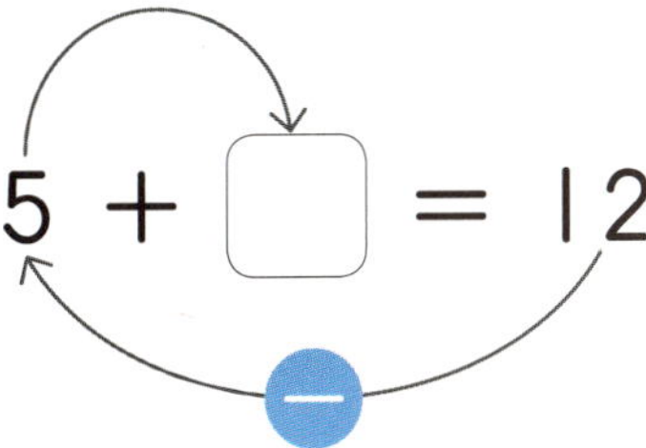

❹

❺
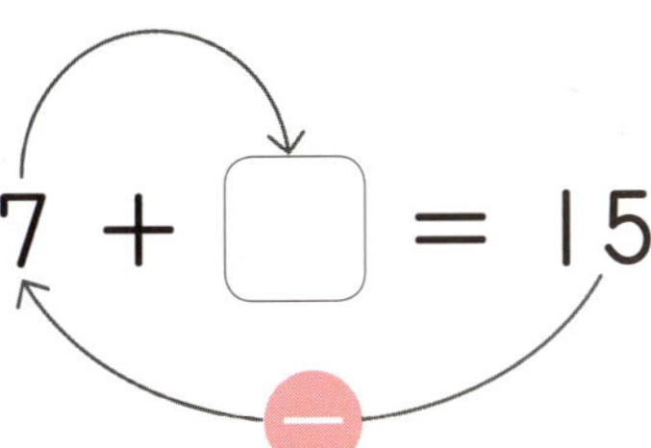

❻

❼
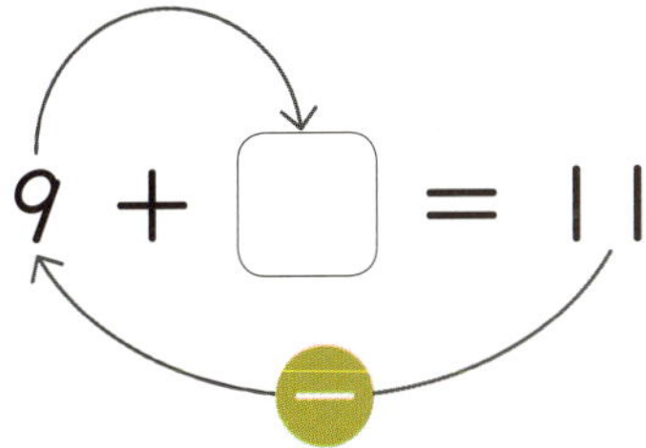

❽
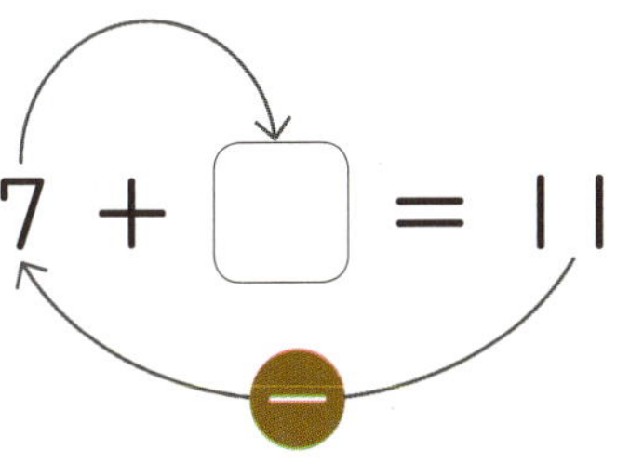

공부한 날

월

일

286 숫자 카드로 식 만들기

티나와 태돌이가 자동차 번호판에 써 있는 숫자로 덧셈식을 만들고 있어요.

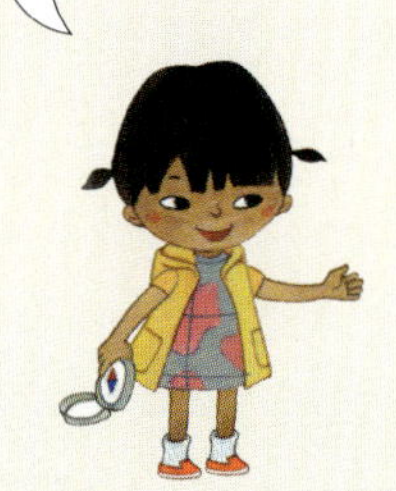

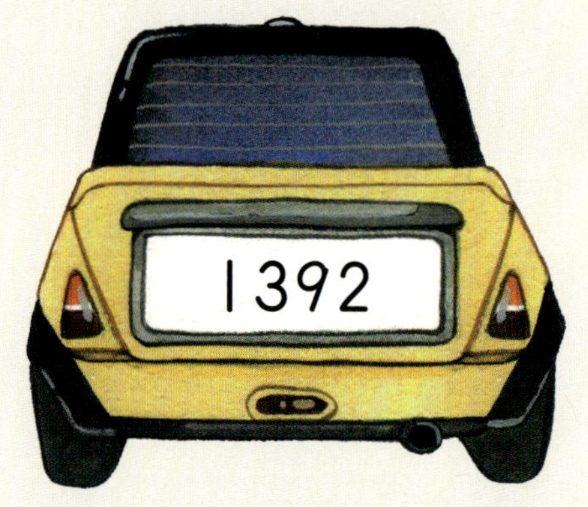

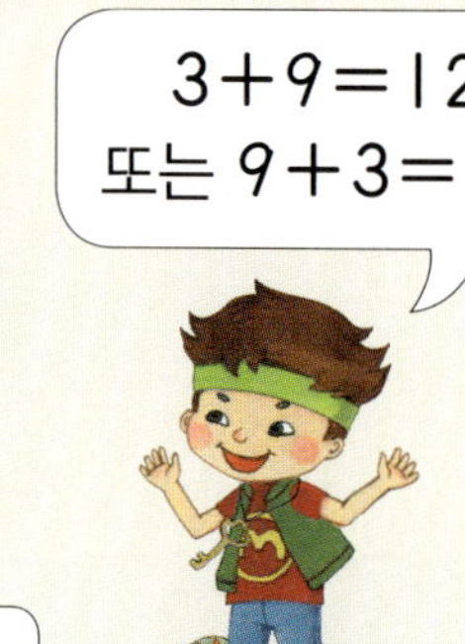

3 + 9 = 1 2

9 + 3 = 1 2

자동차 번호판의 숫자 4개를 □ 안에 한 개씩 넣어 덧셈식 2개를 완성하세요.

❶ 8175

□ + □ = □□

□ + □ = □□

❷ 6418

□ + □ = □□

□ + □ = □□

❸ 7251

□ + □ = □□

□ + □ = □□

❹ 6173

□ + □ = □□

□ + □ = □□

🌳 **주어진 숫자 4개를 ☐ 안에 한 개씩 넣어 뺄셈식 2개를 완성하세요.**

$$1\;4\;-\;5\;=\;9$$
$$1\;4\;-\;9\;=\;5$$

①

$$\Box\;\Box\;-\;\Box\;=\;\Box$$
$$\Box\;\Box\;-\;\Box\;=\;\Box$$

②

$$\Box\;\Box\;-\;\Box\;=\;\Box$$
$$\Box\;\Box\;-\;\Box\;=\;\Box$$

③

$$\Box\;\Box\;-\;\Box\;=\;\Box$$
$$\Box\;\Box\;-\;\Box\;=\;\Box$$

④
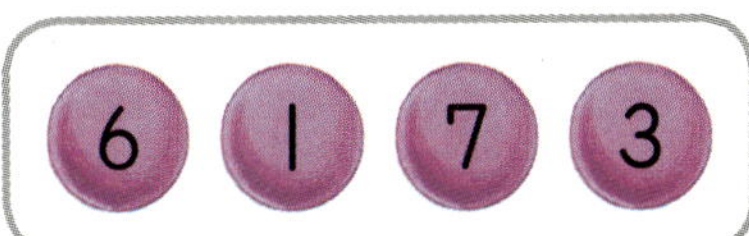

$$\Box\;\Box\;-\;\Box\;=\;\Box$$
$$\Box\;\Box\;-\;\Box\;=\;\Box$$

현우는 숫자와 기호를 이용하여 식을 만들었어요.

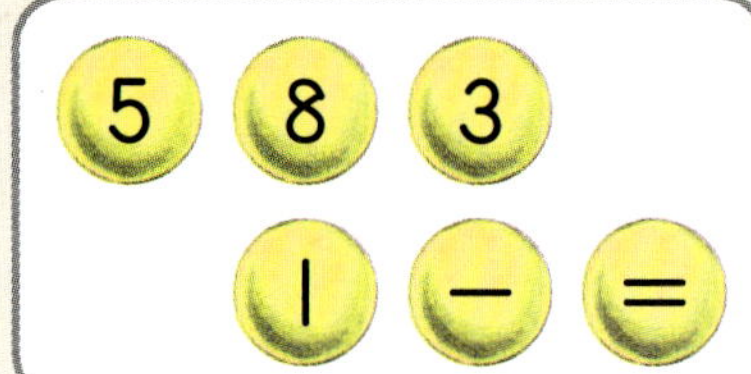

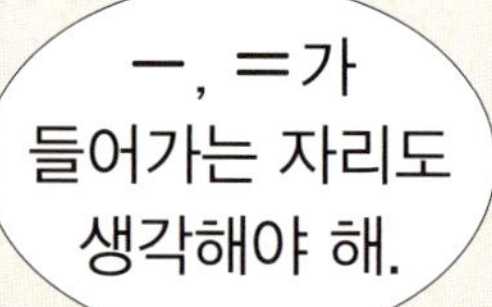

🌳 주어진 숫자와 기호를 ☐ 안에 한 개씩 넣어 식을 완성하세요.

❶ 

❷ 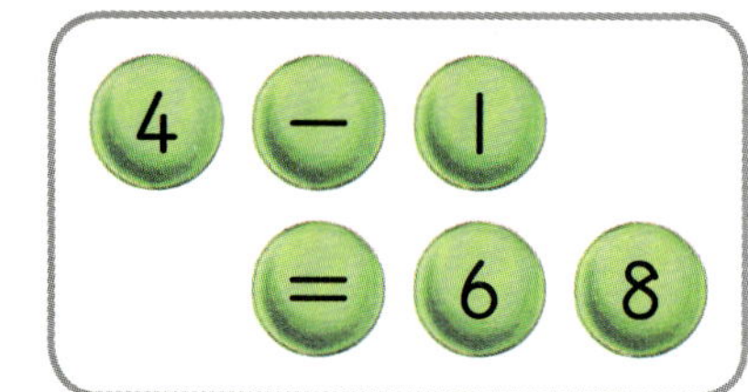

❸ 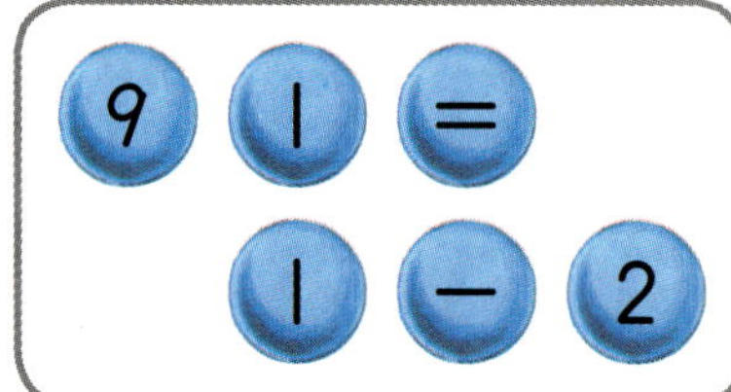

❹ 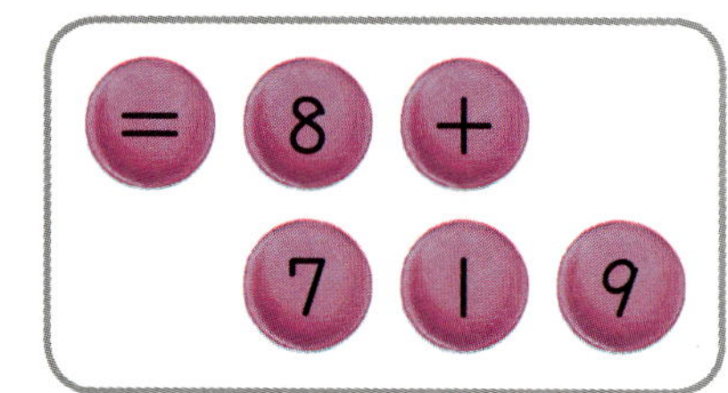

🌳 색칠된 버튼을 눌러 식을 만들었어요. 버튼을 누른 순서에 맞게 ☐ 안에 알맞은 숫자 또는 기호를 쓰세요.

$$8 + 5 = 13$$

🌲 덧셈과 뺄셈을 하세요.

❶
$6 + 9 = \boxed{}$ $15 - 9 = \boxed{}$

$9 + 6 = \boxed{}$ $15 - 6 = \boxed{}$

🌲 □ 안에 알맞은 수를 쓰세요.

❷ 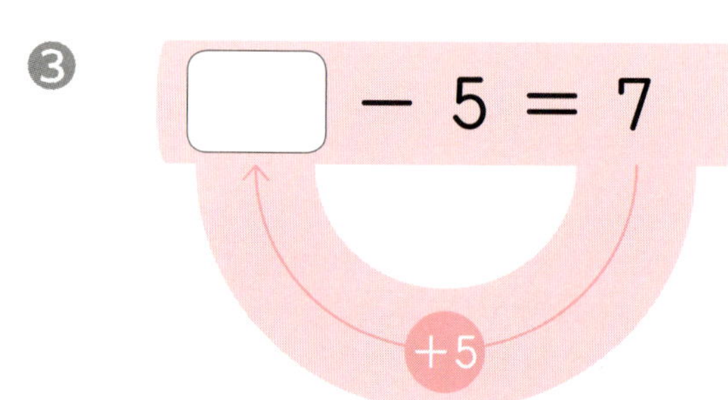

❸

🌲 빈 곳에 알맞은 수를 쓰세요.

❹ 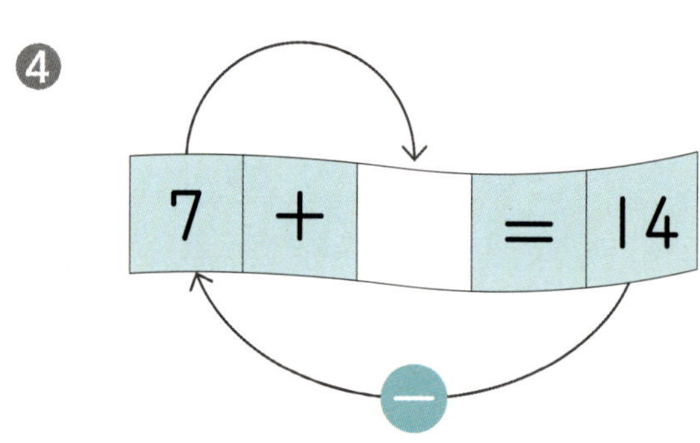

❺ 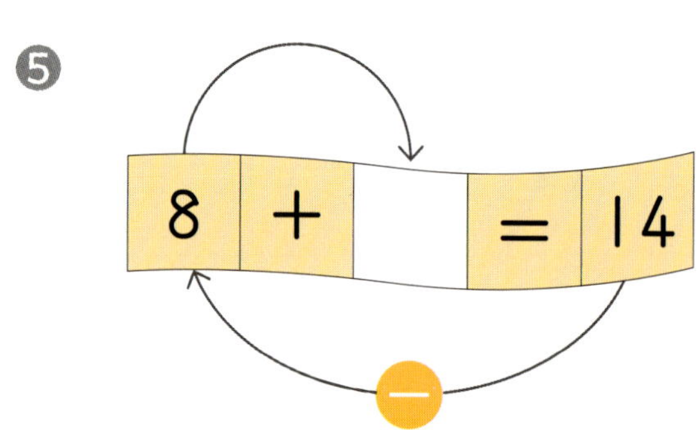

▲ ☐ 안에 알맞은 수를 쓰세요.

❻ 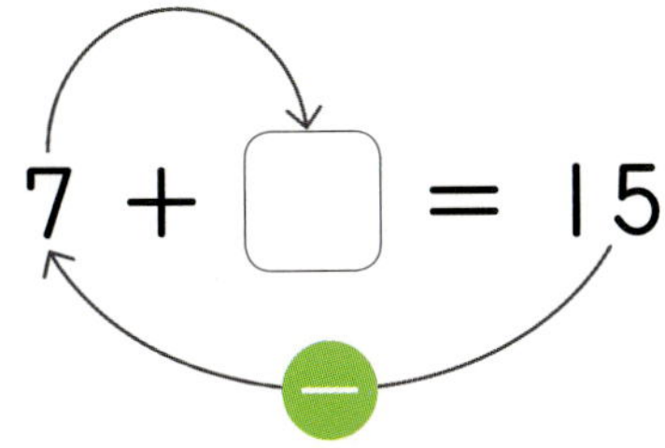

$$7 + \boxed{} = 15$$

❼ 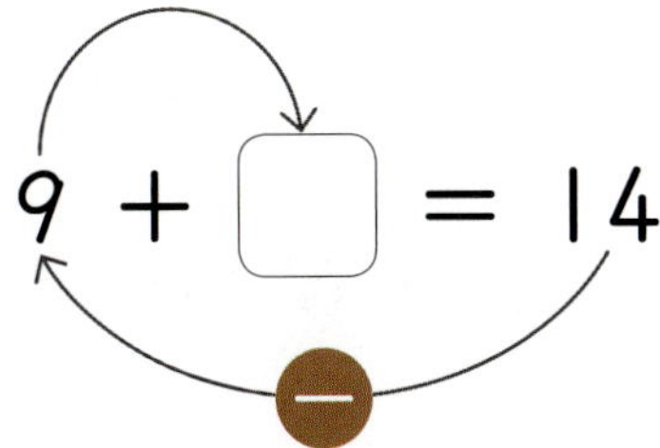

$$9 + \boxed{} = 14$$

▲ 주어진 숫자 4개를 ☐ 안에 한 개씩 넣어 식을 완성하세요.

❽ 

$$\boxed{} + \boxed{} = \boxed{}\,\boxed{}$$

$$\boxed{} + \boxed{} = \boxed{}\,\boxed{}$$

❾ 

$$\boxed{}\,\boxed{} - \boxed{} = \boxed{}$$

$$\boxed{}\,\boxed{} - \boxed{} = \boxed{}$$

공부한 날

월

일

▲ 색칠된 버튼을 한 번씩 눌러 식을 만들었어요. 버튼을 누른 순서에 맞게 ☐ 안에 알맞은 숫자 또는 기호를 쓰세요.

❿ 

⓫ 

연산력 게임

QR코드를 찍으면 다양한 연산 게임을 할 수 있어요.

재미있는 활 쏘기

과녁을 빗나간 화살은 몇 개일까요?

시작 버튼을 누르면 ☐가 있는 뺄셈식이 나와요. ☐ 안에 알맞은 숫자를 손가락으로 끌어서 빈 곳에 넣으세요. 6을 넣으면 정답입니다.

맛있는 음료수를 마시려면 어떤 버튼을 눌러야 할까요?

자판기의 가운데에서 덧셈식을 완성하는 알맞은 버튼을 찾아 손가락으로 누르세요. +4 버튼을 누르면 정답입니다.

신기한 덧셈 자판기

세 수의 계산 (I)

▶ 연산 보충 학습(104~105쪽)에서 더 풀어 보세요.

학부모 지도 가이드

이번 차시에서는 덧셈만 있거나 뺄셈만 있는 세 수의 계산에 대해서 배우게 됩니다.

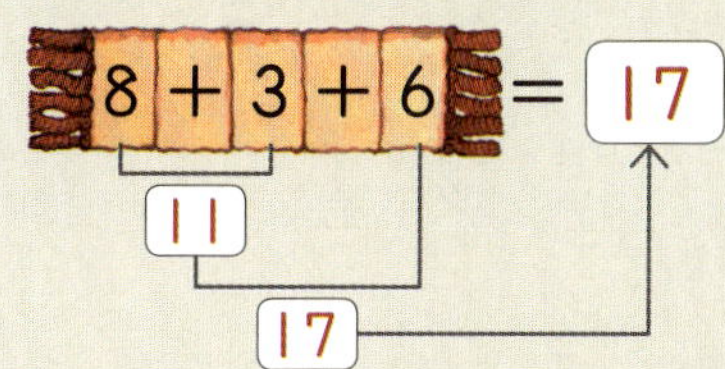
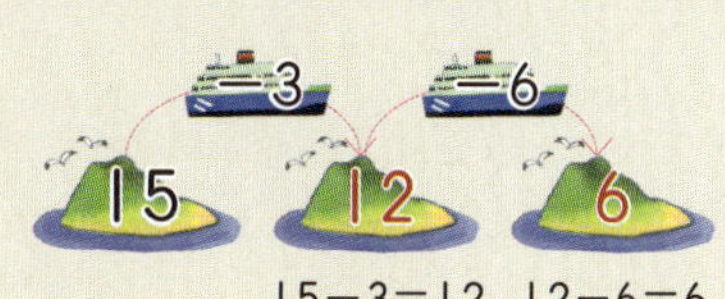

뺄셈만 있는 세 수의 계산에서는 무엇보다 순서대로 계산하는 것이 중요합니다. 아이들이 차근차근 문제를 풀면서 실수하지 않도록 도와주세요.

더하고 더하기

🌳 빈 곳에 알맞은 수를 쓰세요.

❶ 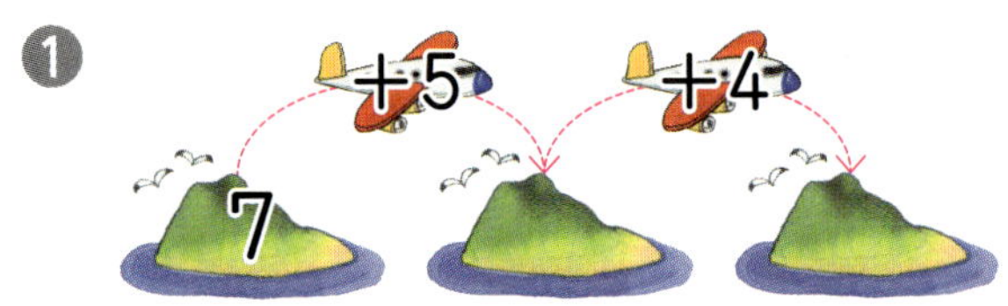

❷ 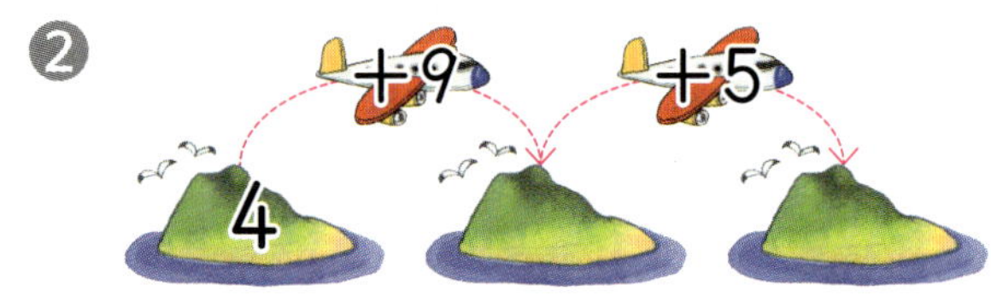

❸ 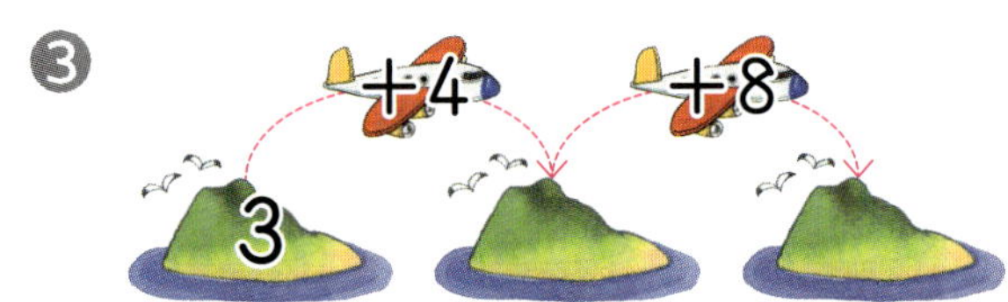

❹ 

❺ 

❻ 

🌳 덧셈을 하여 빈칸에 알맞은 수를 쓰세요.

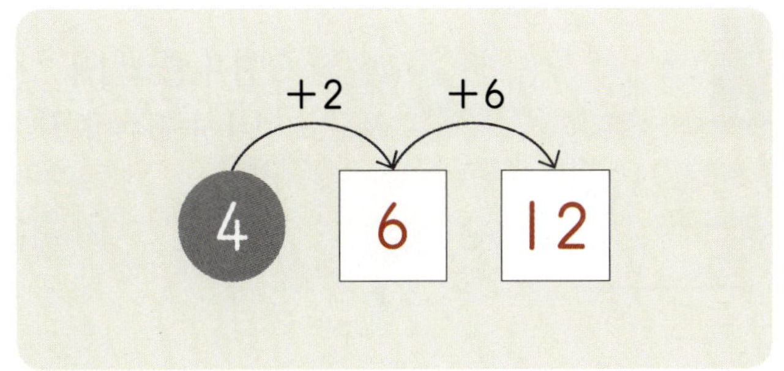

①

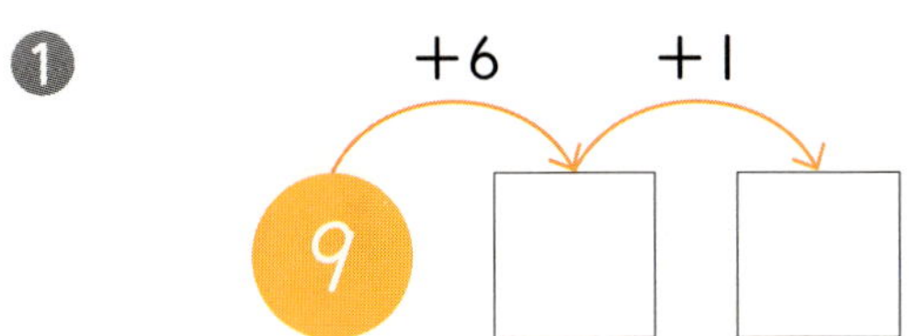

②

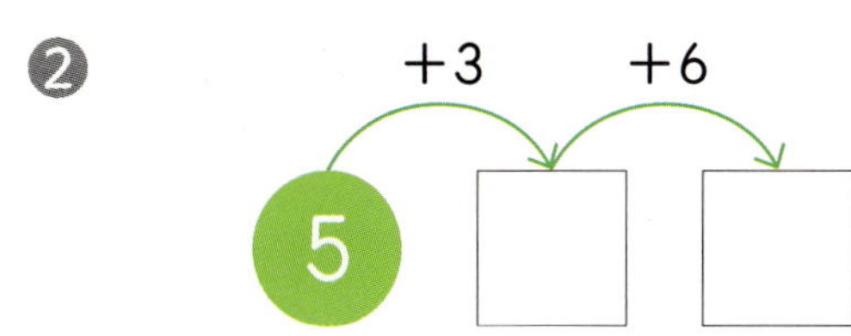

③

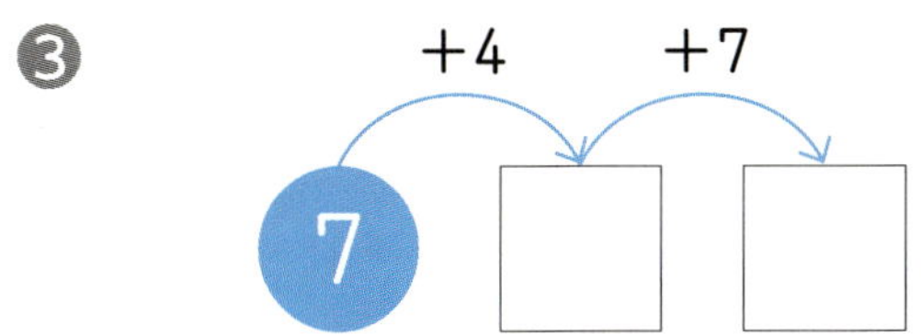

④

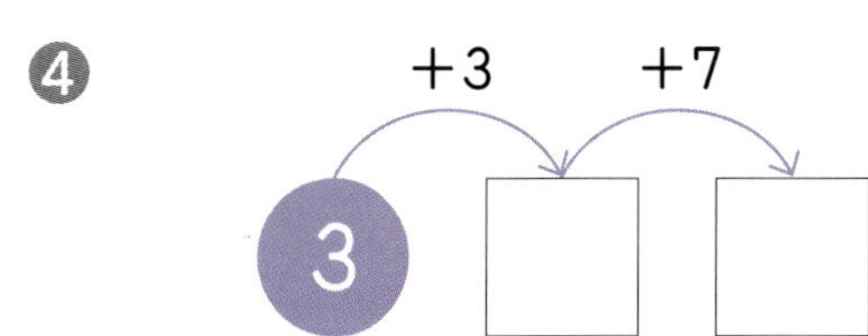

⑤

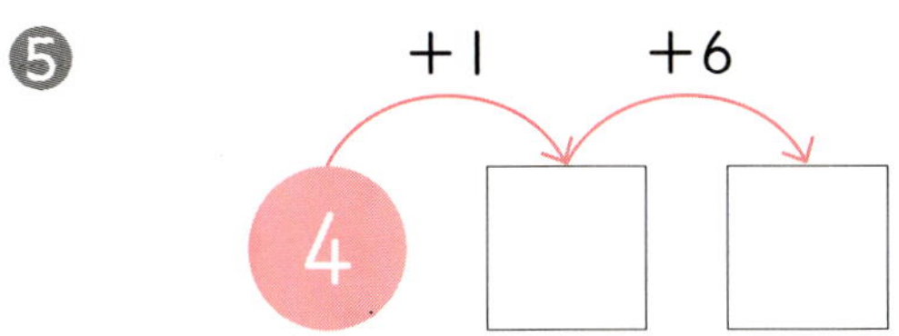

⑥

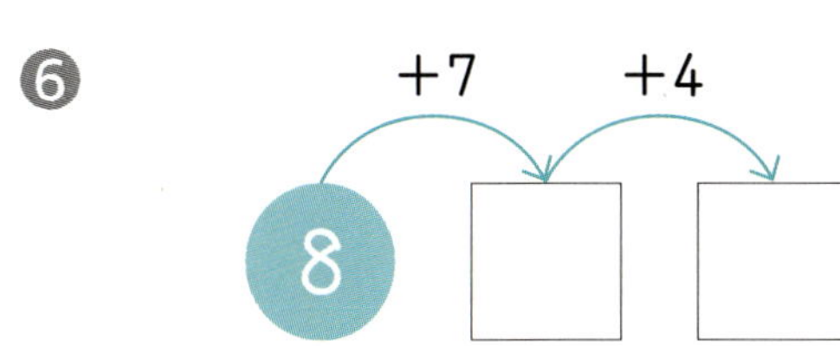

⑦

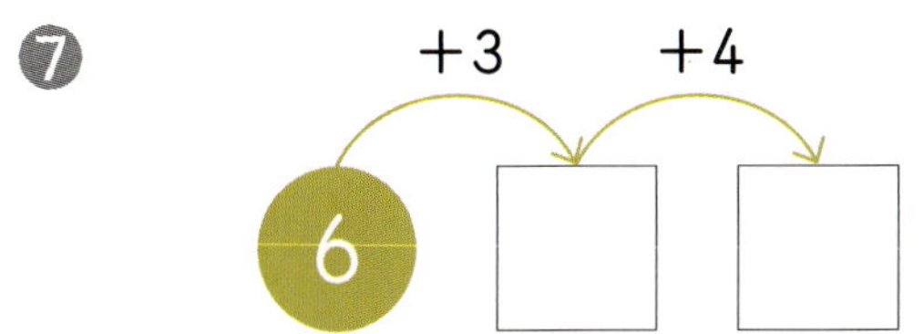

⑧

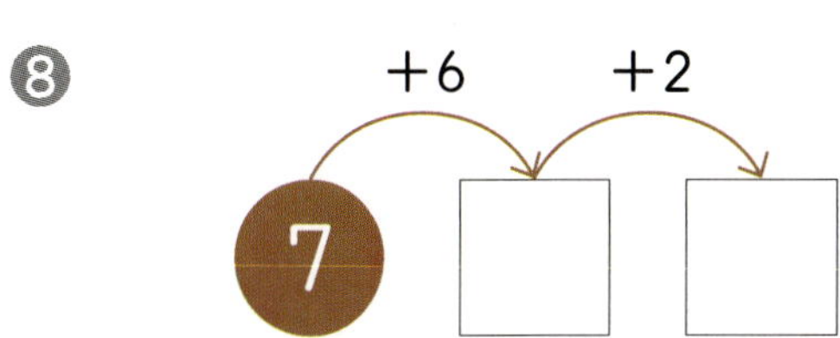

양탄자에 덧셈식이 써 있어요.

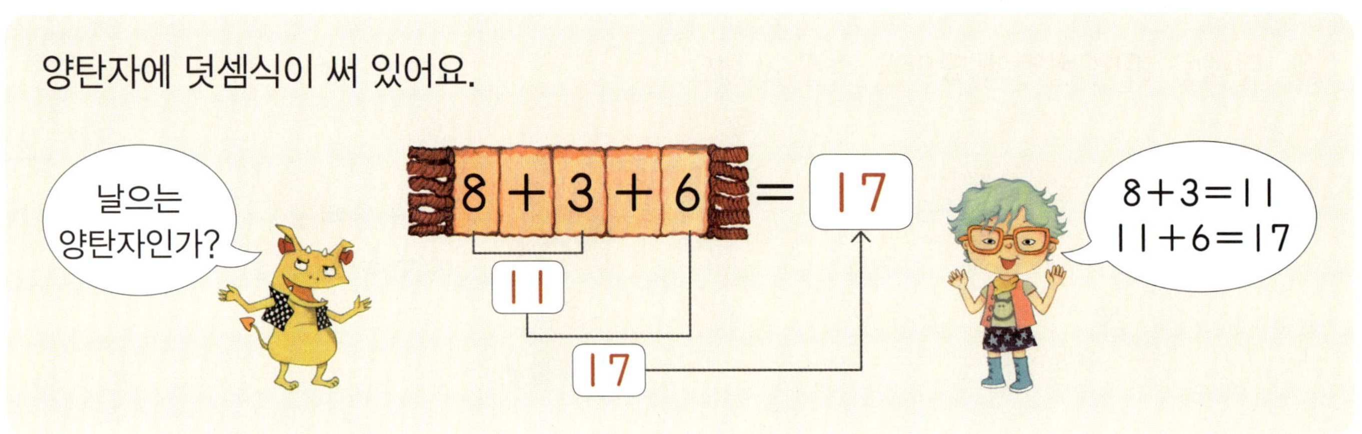

🌳 ☐ 안에 알맞은 수를 쓰세요.

① 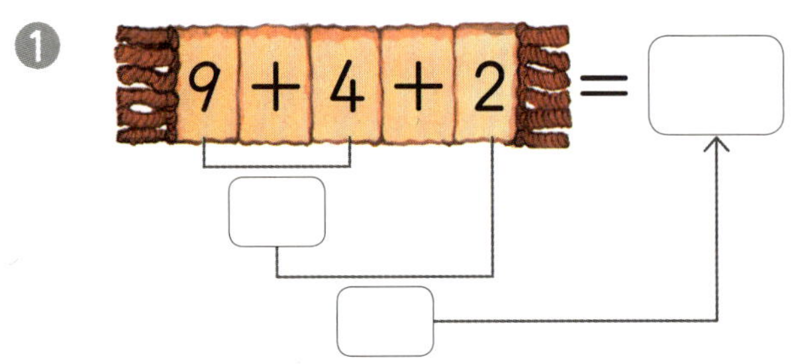

② 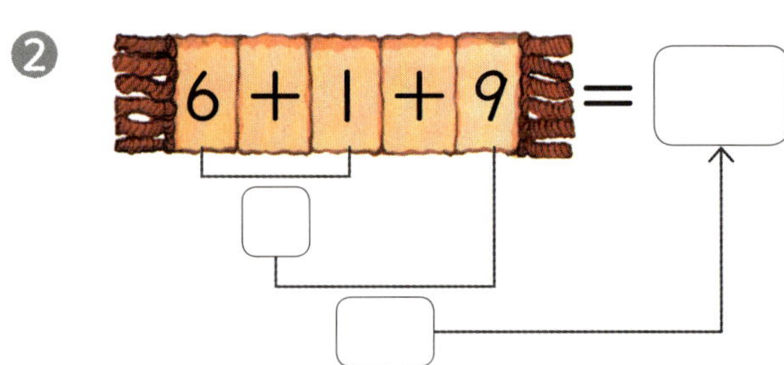

③ 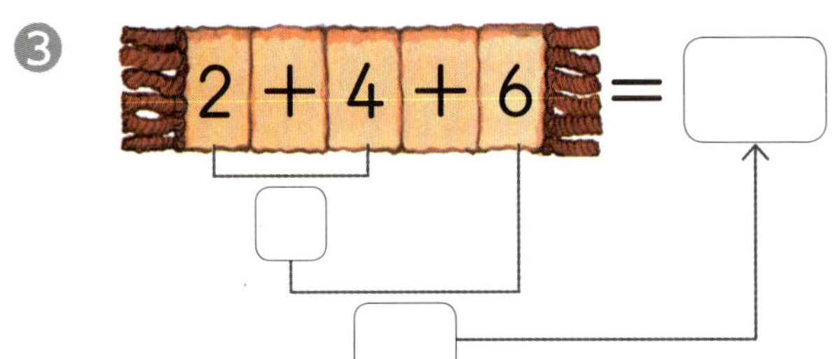

④ 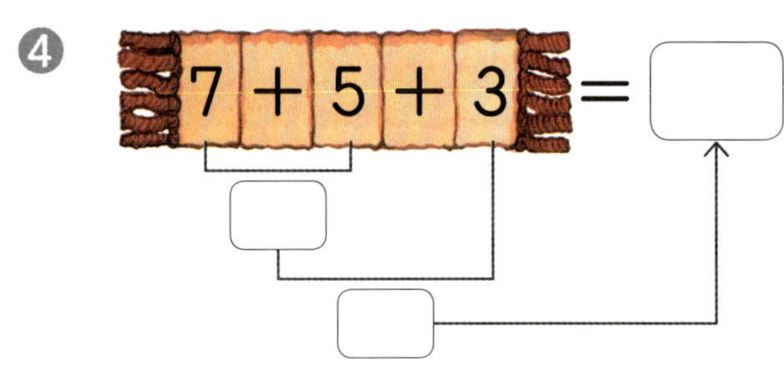

⑤ 

⑥ 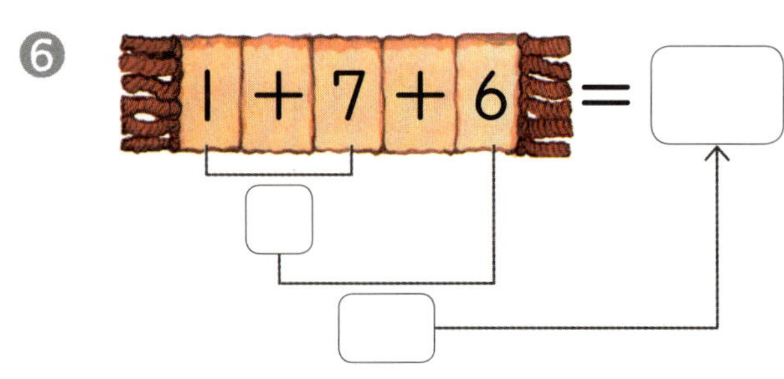

🌳 **세 수의 덧셈을 하세요.**

$$4 + 5 + 6 = \boxed{15}$$
9
15

❶ $8 + 2 + 3 = \boxed{}$

❷ $5 + 9 + 2 = \boxed{}$

❸ $1 + 6 + 5 = \boxed{}$

❹ $7 + 6 + 2 = \boxed{}$

❺ $9 + 8 + 1 = \boxed{}$

❻ $3 + 4 + 4 = \boxed{}$

❼ $8 + 3 + 8 = \boxed{}$

❽ $4 + 2 + 8 = \boxed{}$

세 수의 덧셈

새가 집을 찾아가고 있어요.

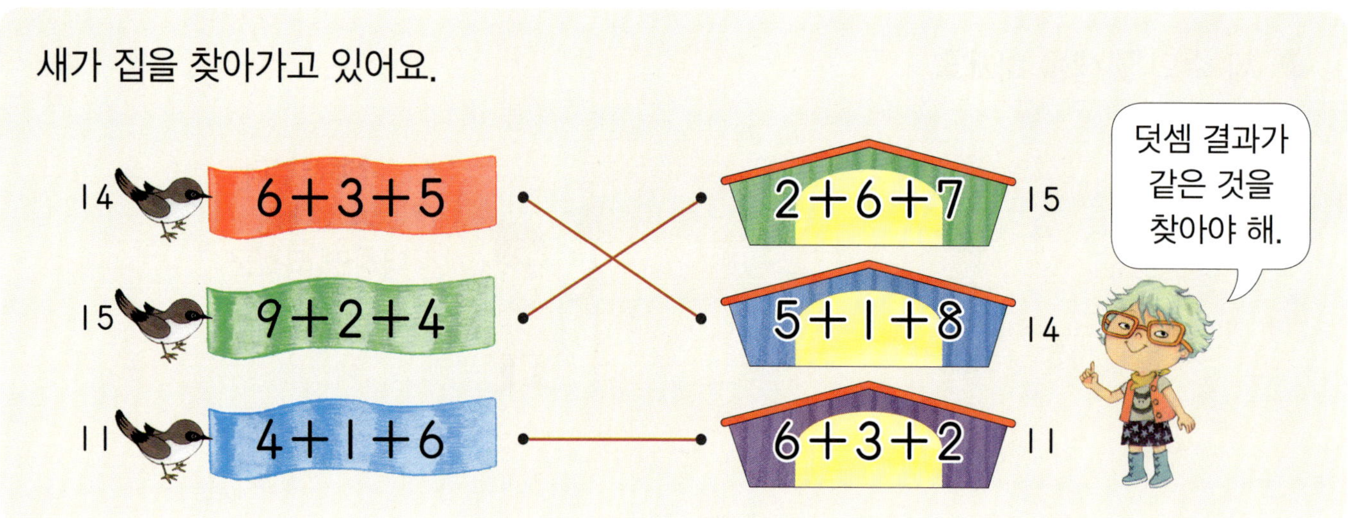

🌳 세 수의 덧셈 결과가 같은 것끼리 선으로 이으세요.

❶ 

❷

🌱 세 수의 덧셈을 하세요.

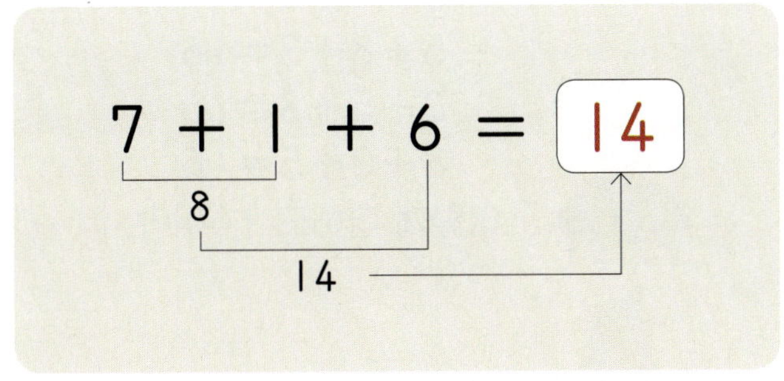

$$7 + 1 + 6 = \boxed{14}$$

8
14

❶ $3 + 6 + 5 = \boxed{}$

❷ $8 + 1 + 7 = \boxed{}$

❸ $5 + 8 + 6 = \boxed{}$

❹ $4 + 3 + 4 = \boxed{}$

❺ $7 + 6 + 5 = \boxed{}$

❻ $8 + 3 + 1 = \boxed{}$

❼ $2 + 4 + 7 = \boxed{}$

❽ $6 + 7 + 4 = \boxed{}$

❾ $4 + 9 + 5 = \boxed{}$

❿ $7 + 1 + 6 = \boxed{}$

태돌이가 피라미드의 빈 곳에 알맞은 수를 쓰고 있어요.

🌳 세 수를 더해 가운데 빈 곳에 쓰세요.

❶
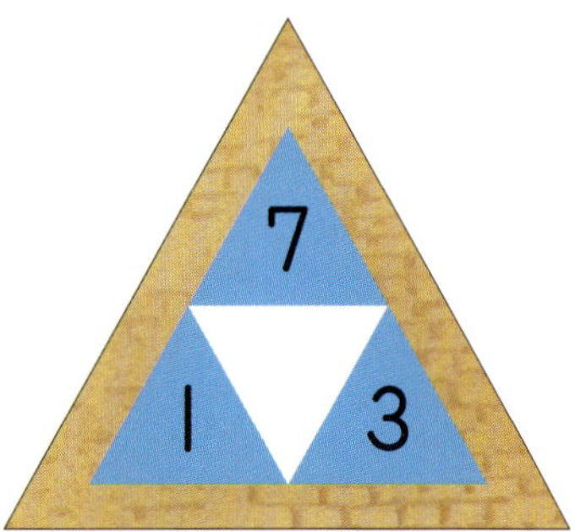

❷
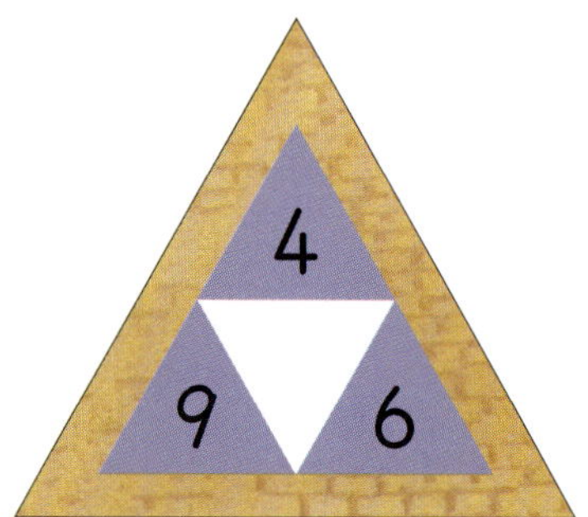

❸
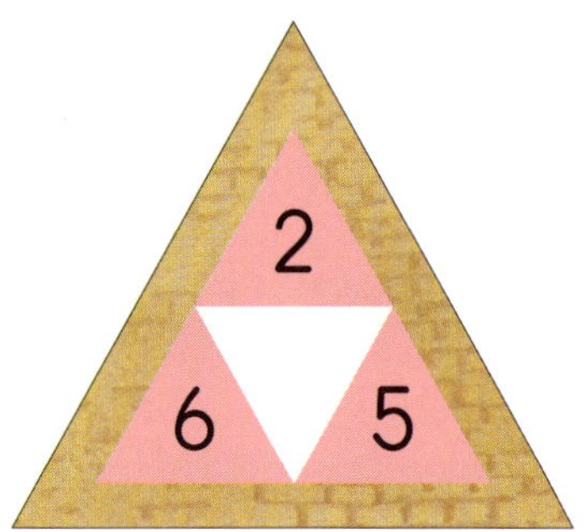

❹
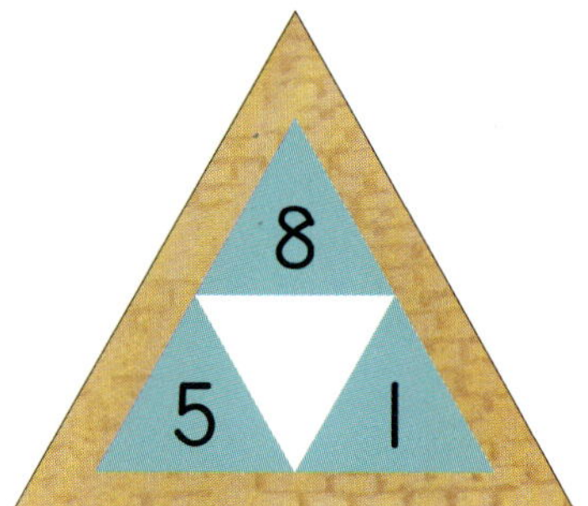

🌳 **세 수를 더해 가운데 빈 곳에 쓰세요.**

① 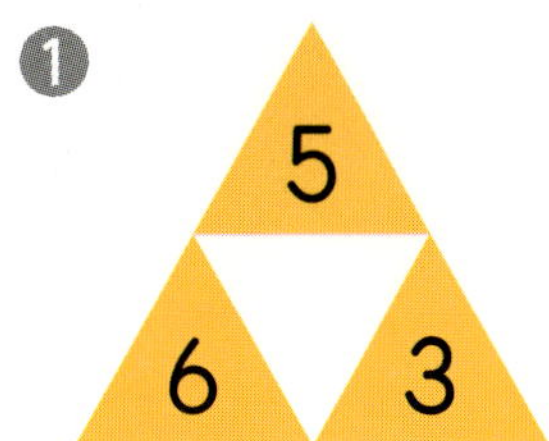

② 

③ 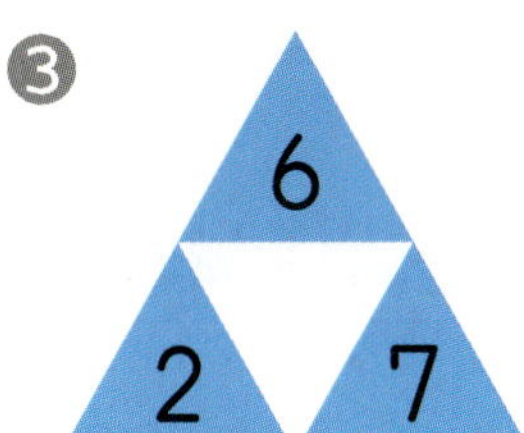

④ 

⑤ 

⑥ 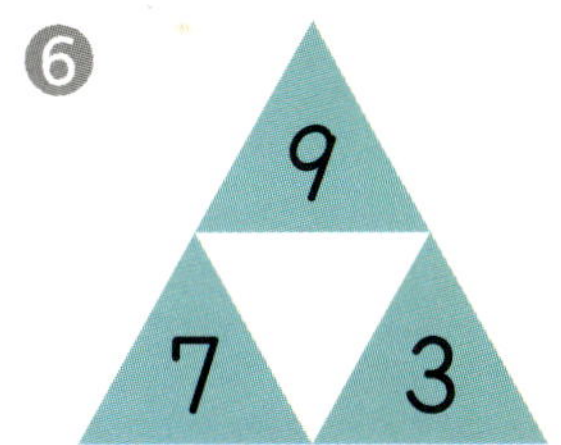

⑦ 

⑧ 

⑨ 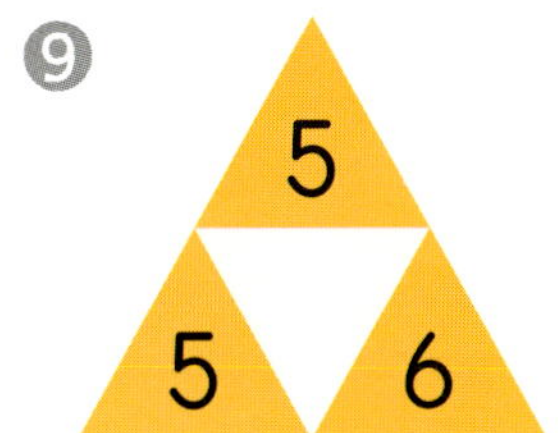

빼고 빼기

🌳 빈 곳에 알맞은 수를 쓰세요.

① 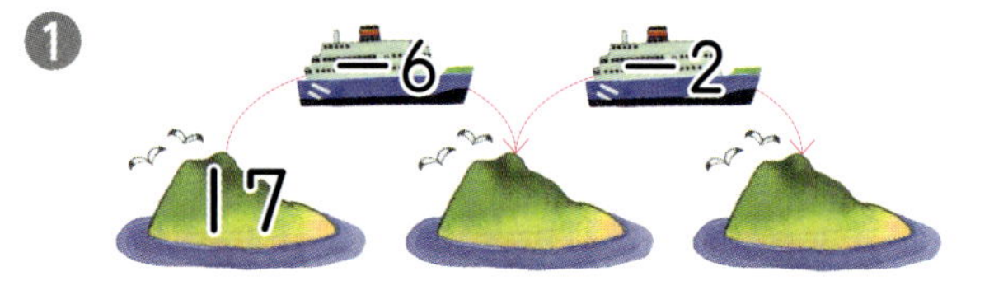

② 

③ 

④ 

⑤ 

⑥ 

🌳 **뺄셈을 하여 빈칸에 알맞은 수를 쓰세요.**

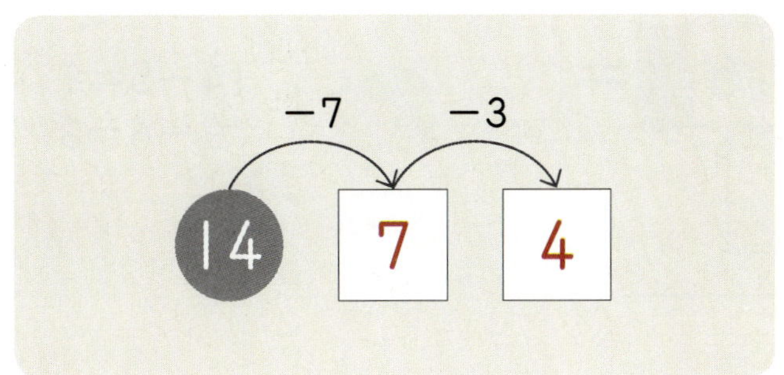

① 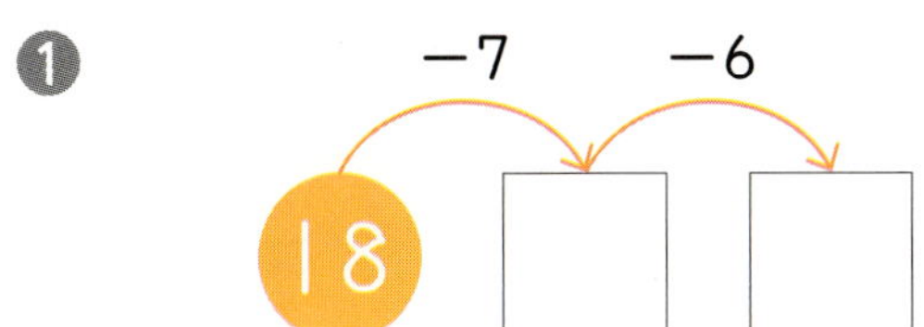

② 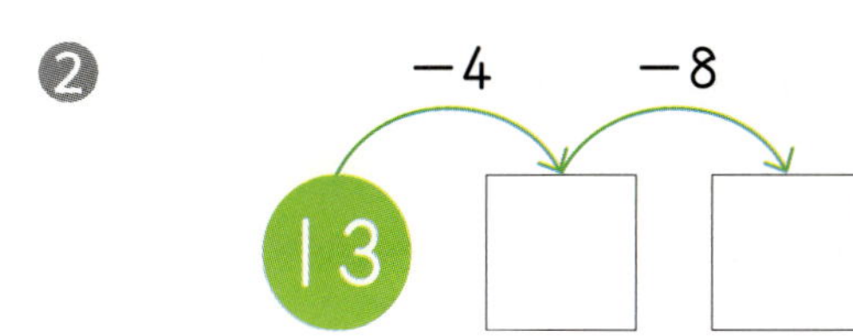

③ 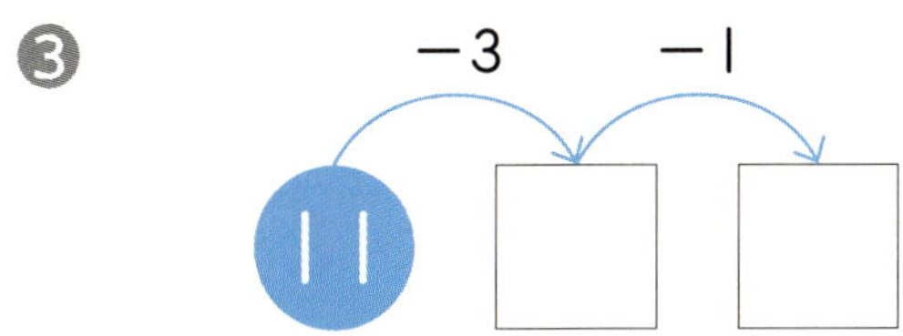

④ 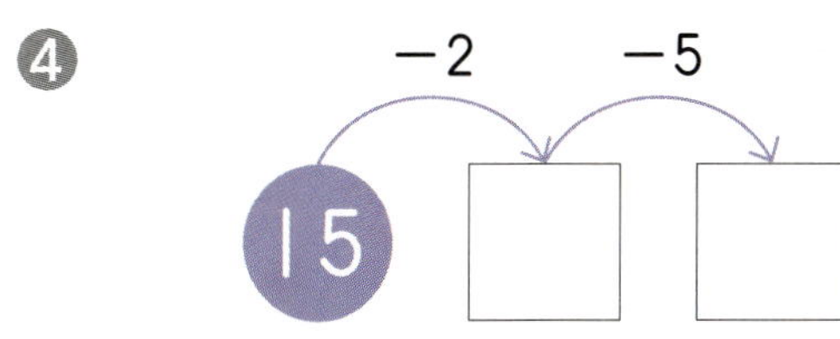

⑤ 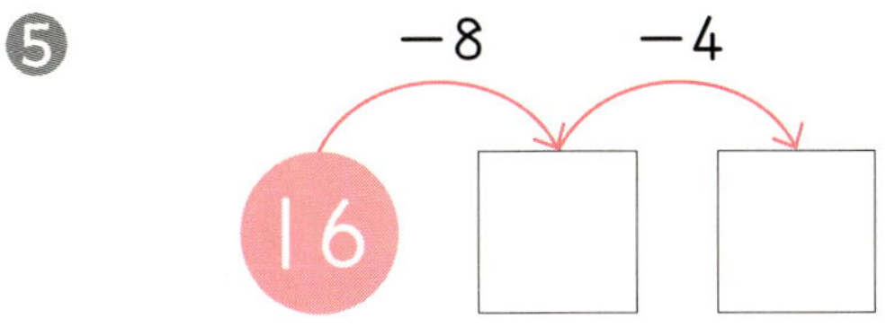

⑥ 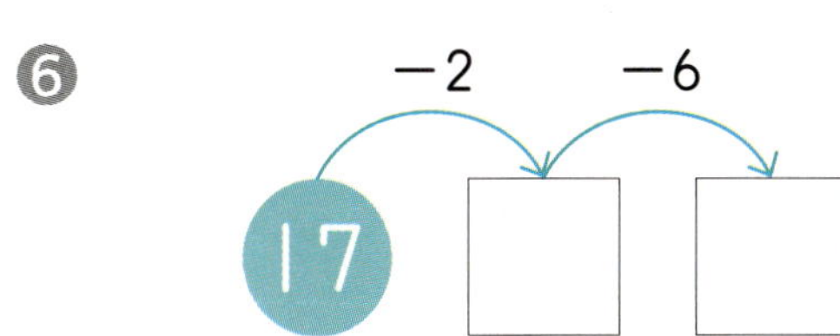

⑦ 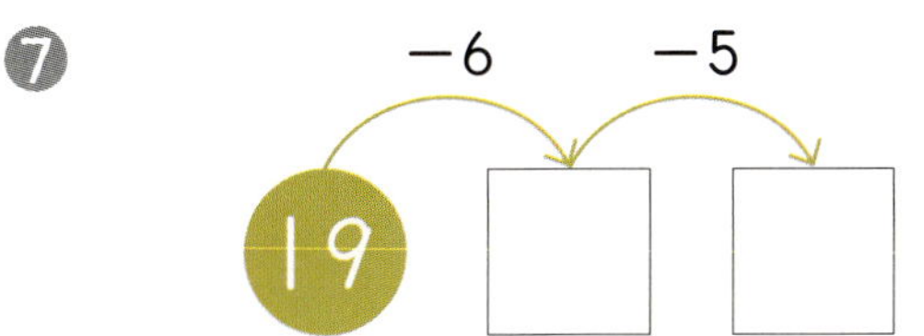

⑧ 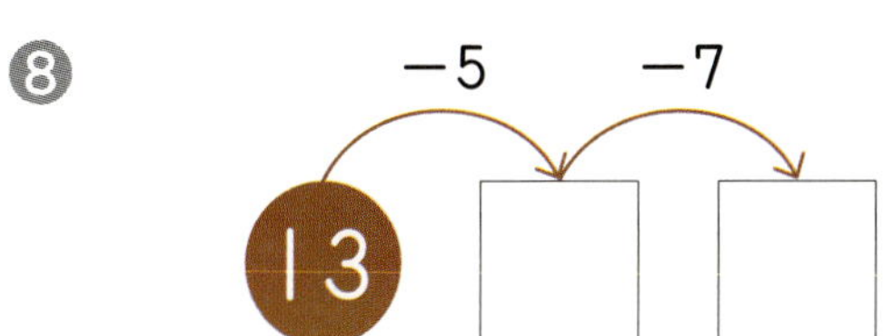

양탄자에 뺄셈식이 써 있어요.

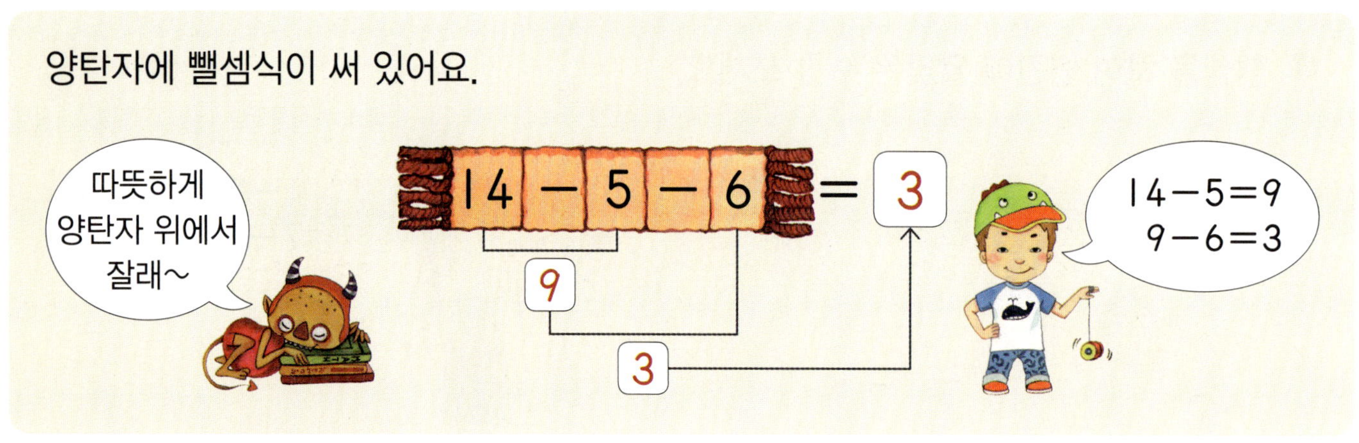

🌳 ☐ 안에 알맞은 수를 쓰세요.

❶ 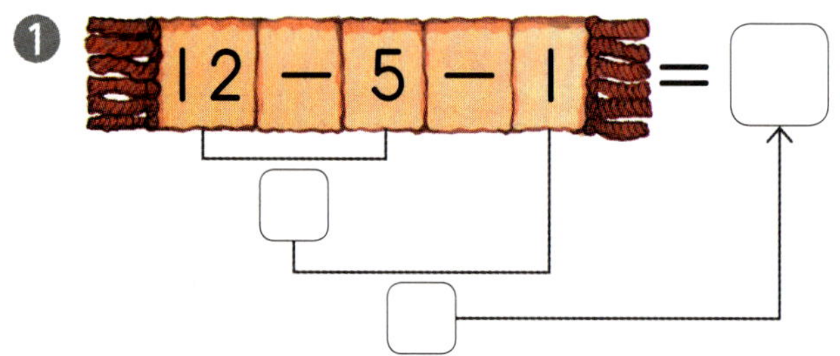

❷ 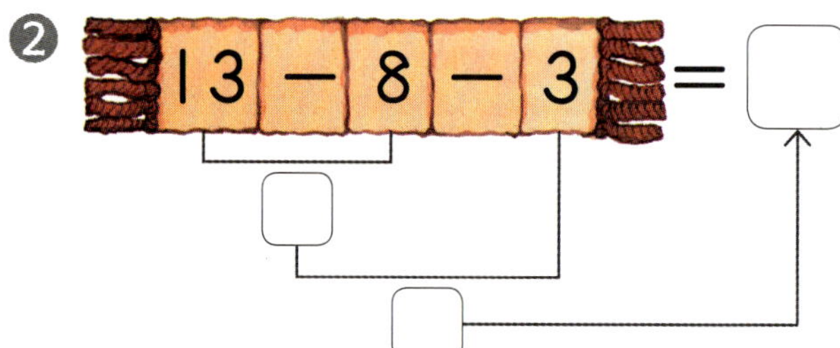

❸ 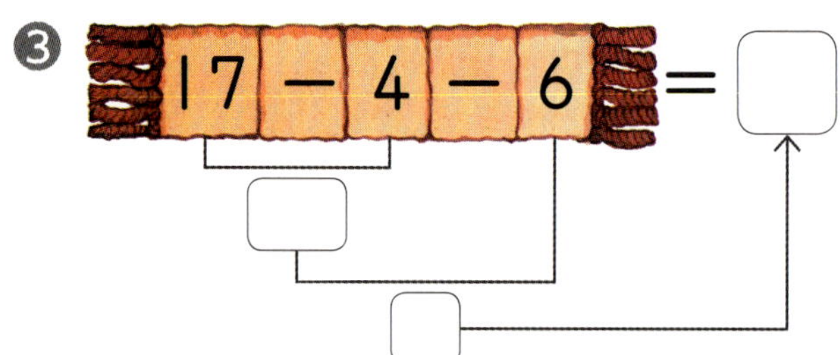

❹ 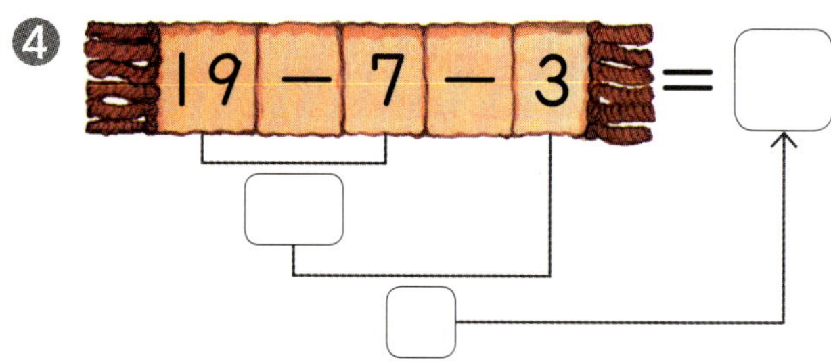

❺ 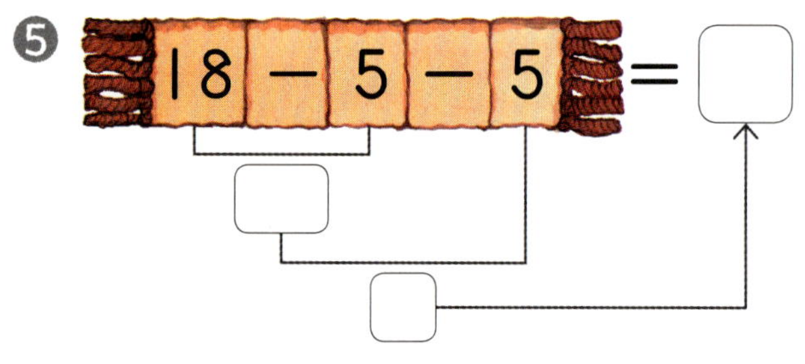

❻ 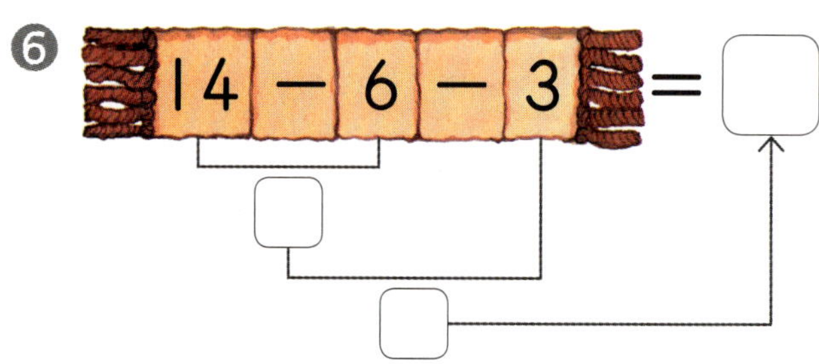

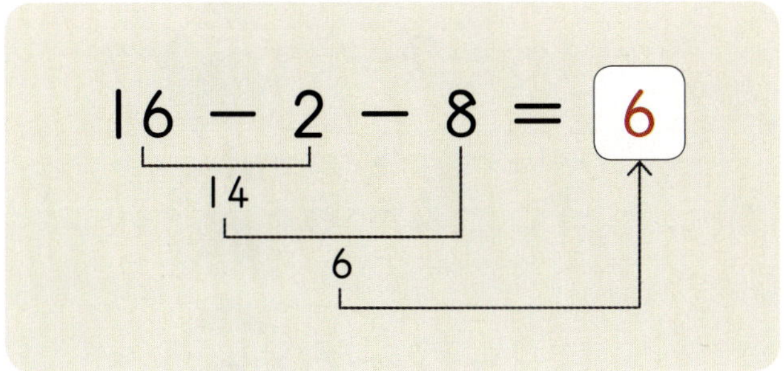

❶ 14 − 3 − 8 = ☐

❷ 12 − 4 − 3 = ☐

❸ 11 − 7 − 2 = ☐

❹ 17 − 3 − 7 = ☐

❺ 18 − 2 − 7 = ☐

❻ 13 − 6 − 1 = ☐

❼ 14 − 8 − 2 = ☐

❽ 16 − 1 − 7 = ☐

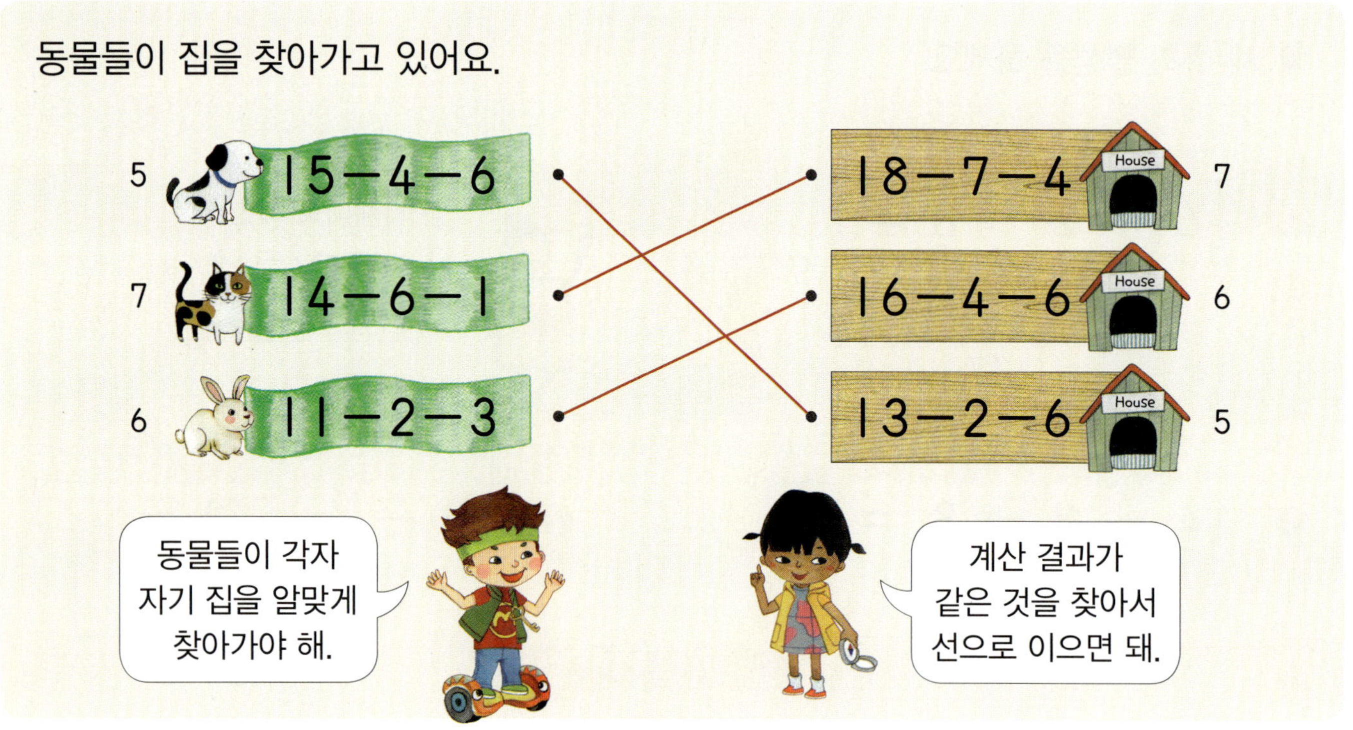

🌳 계산 결과가 같은 것끼리 선으로 이으세요.

❶
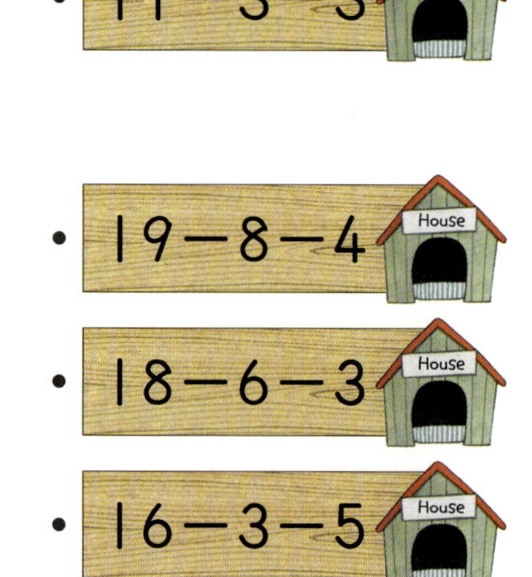

12 − 5 − 4 ·   · 14 − 1 − 9 House

15 − 6 − 4 ·   · 13 − 8 − 2 House

13 − 8 − 1 ·   · 11 − 3 − 3 House

❷

17 − 2 − 7 ·   · 19 − 8 − 4 House

15 − 4 − 2 ·   · 18 − 6 − 3 House

16 − 5 − 4 ·   · 16 − 3 − 5 House

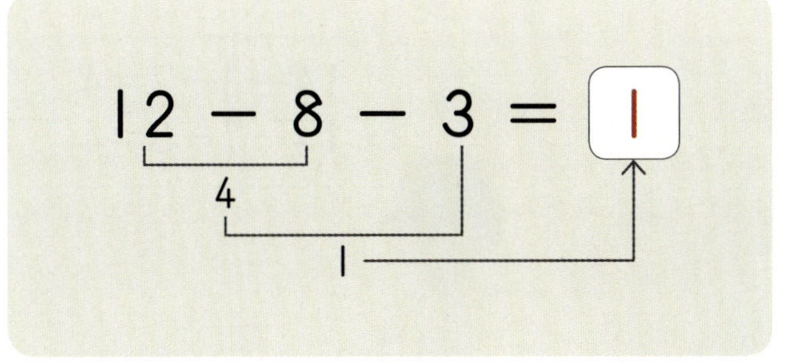

❶ 15 − 2 − 5 = ☐

❷ 16 − 5 − 9 = ☐

❸ 16 − 7 − 3 = ☐

❹ 13 − 1 − 5 = ☐

❺ 11 − 5 − 2 = ☐

❻ 18 − 4 − 5 = ☐

❼ 19 − 7 − 7 = ☐

❽ 12 − 7 − 2 = ☐

❾ 17 − 6 − 4 = ☐

❿ 14 − 3 − 5 = ☐

🌳 가장 큰 수에서 작은 두 수를 뺀 결과를 가운데 빈 곳에 쓰세요.

❶
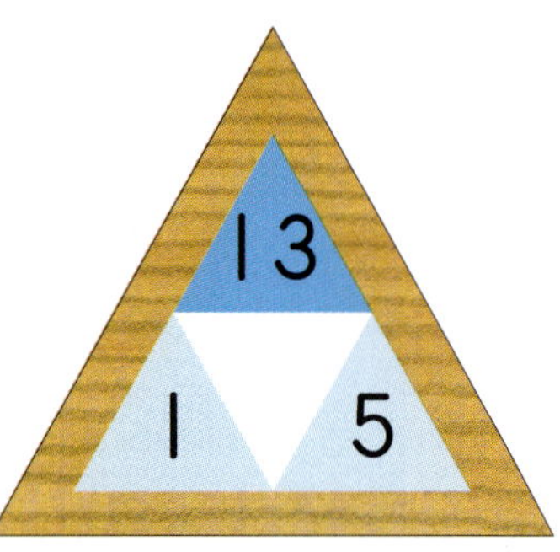

❷
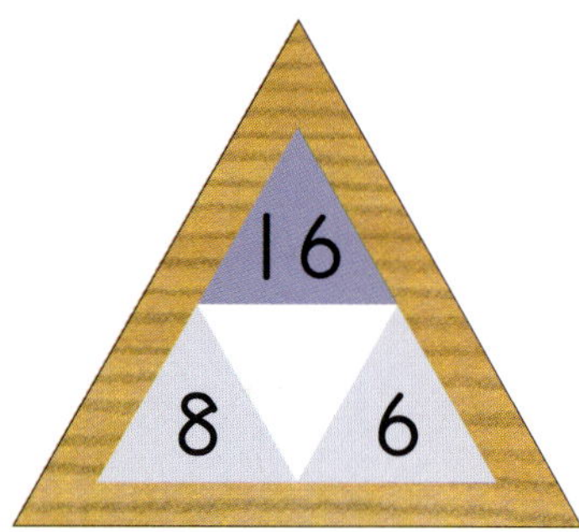

❸
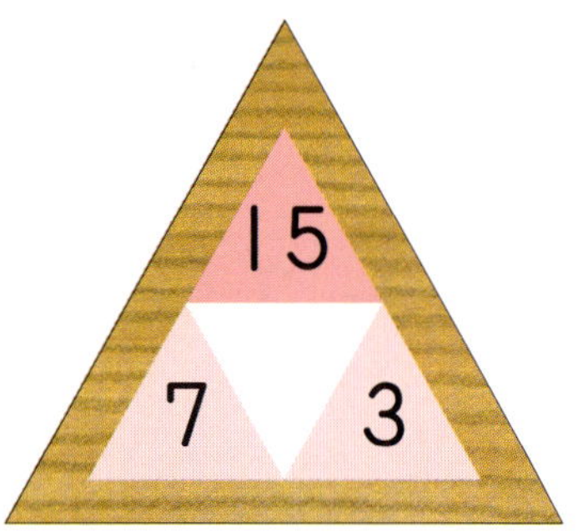

❹
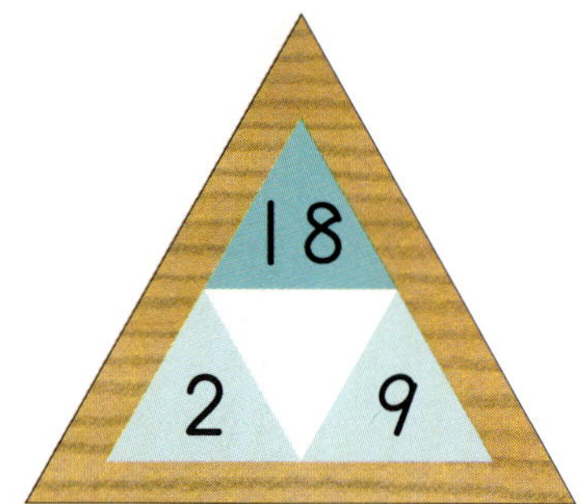

🌳 가장 큰 수에서 작은 두 수를 뺀 결과를 가운데 빈 곳에 쓰세요.

15
6
6   3

$15-6-3=6$
$15-3-6=6$

❶

12
6   3

❷
19
2   8

❸

16
8   1

❹

15
4   6

❺
11
4   5

❻

13
9   1

❼

17
3   5

❽

12
5   2

❾

18
7   4

공부한 날

월

일

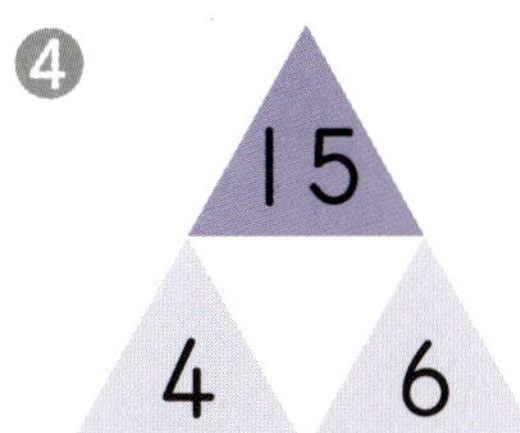

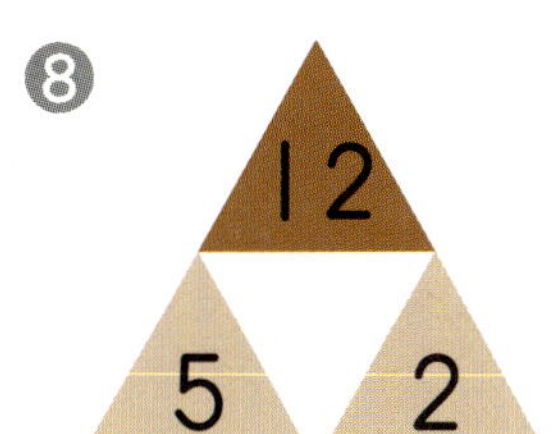

세 수의 계산

현우가 세 수의 계산을 하여 길을 찾아가고 있어요.

🌳 계산 결과를 찾아 선을 그으세요.

①

②

③

④

계산 결과를 찾아 선을 그어 집을 찾아가세요.

아이들이 사다리 타기를 하고 있어요.

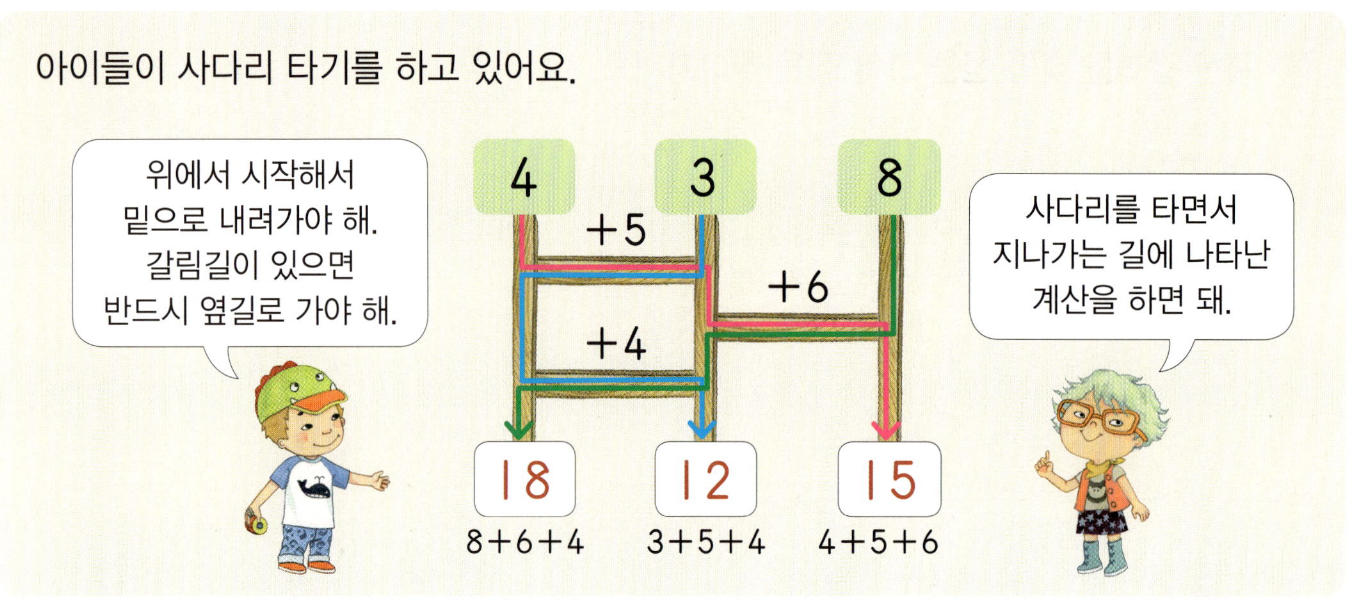

🌳 사다리 타기를 하면서 덧셈과 뺄셈을 하여 ☐ 안에 알맞은 수를 쓰세요.

❶ 

❷ 

❸ 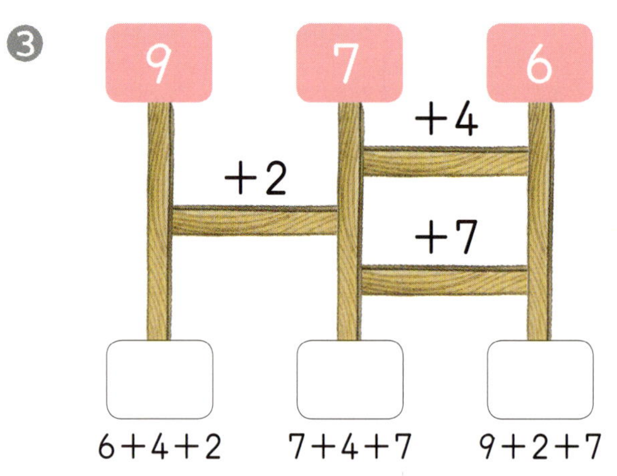

❹ 

$14 - 3 - 8 = \boxed{3}$

❶ $6 + 1 + 7 = \boxed{}$

❷ $14 - 6 - 3 = \boxed{}$

❸ $8 + 4 + 3 = \boxed{}$

❹ $18 - 5 - 4 = \boxed{}$

❺ $7 + 8 + 3 = \boxed{}$

❻ $11 - 3 - 5 = \boxed{}$

❼ $1 + 5 + 7 = \boxed{}$

❽ $15 - 1 - 7 = \boxed{}$

❾ $5 + 2 + 6 = \boxed{}$

❿ $17 - 5 - 8 = \boxed{}$

🌲 덧셈을 하여 빈칸에 알맞은 수를 쓰세요.

❶ 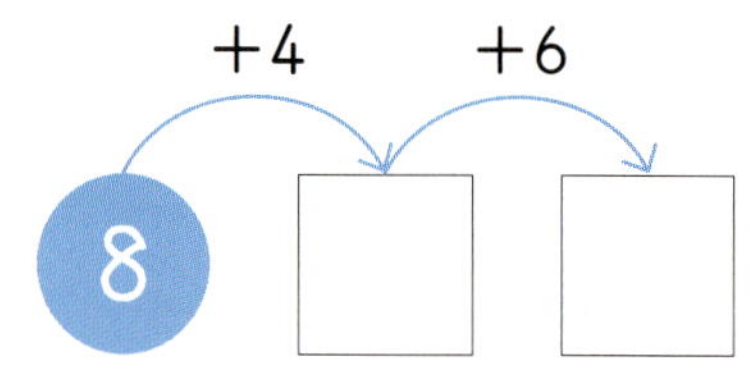

❷ 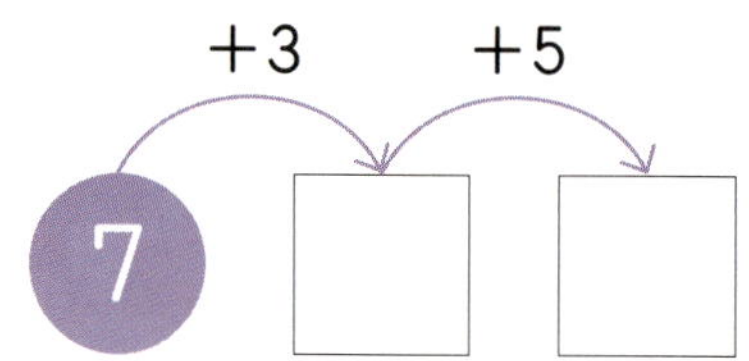

🌲 덧셈을 하세요.

❸ $9 + 8 + 2 = \boxed{}$

❹ $3 + 5 + 4 = \boxed{}$

❺ $5 + 8 + 4 = \boxed{}$

❻ $7 + 2 + 6 = \boxed{}$

❼ $5 + 7 + 2 = \boxed{}$

❽ $4 + 9 + 3 = \boxed{}$

🌲 세 수를 더해 가운데 빈 곳에 쓰세요.

❾ 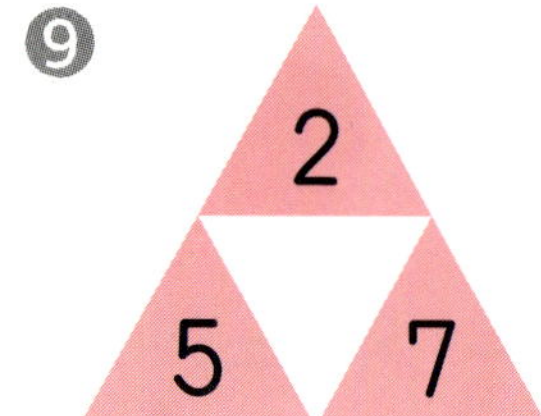

❿ 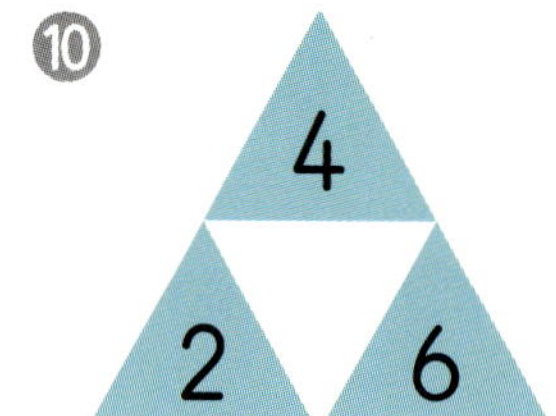

⓫ 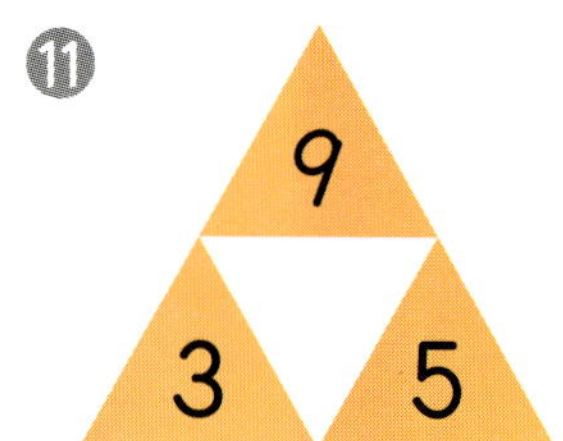

🌲 뺄셈을 하여 빈칸에 알맞은 수를 쓰세요.

⑫ 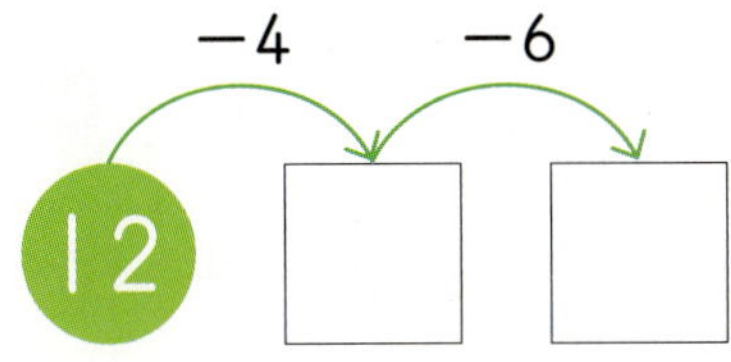

⑬ 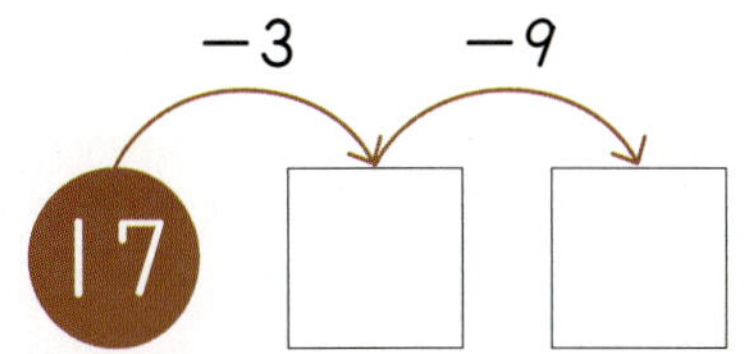

🌲 뺄셈을 하세요.

⑭ $18 - 4 - 8 = \boxed{}$

⑮ $13 - 6 - 2 = \boxed{}$

⑯ $17 - 5 - 5 = \boxed{}$

⑰ $15 - 7 - 4 = \boxed{}$

⑱ $14 - 3 - 6 = \boxed{}$

⑲ $19 - 9 - 8 = \boxed{}$

🌲 가장 큰 수에서 작은 두 수를 뺀 결과를 가운데 빈 곳에 쓰세요.

⑳ 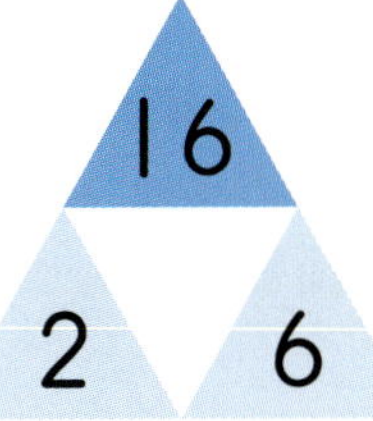

㉑ 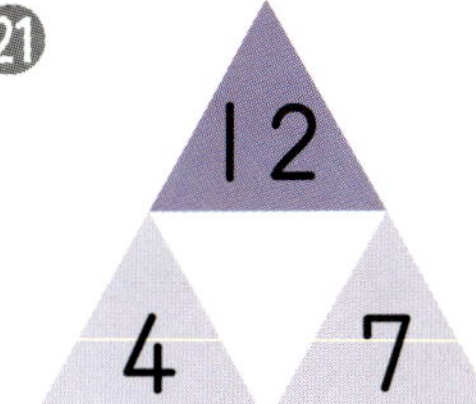

㉒ 

연산력 게임

QR코드를 찍으면 다양한 연산 게임을 할 수 있어요.

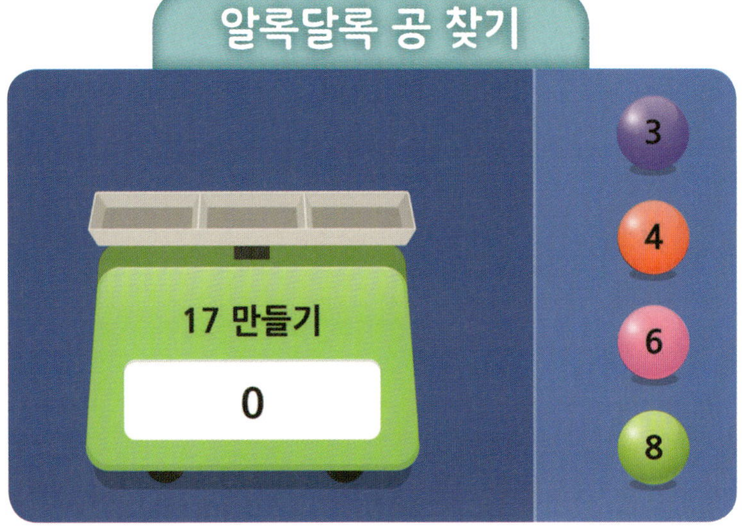

저울의 숫자를 만들려면 어떤 공을 올려야 할까요?

더해서 저울의 수를 만들 수 있는 공 3개를 손가락으로 끌어서 저울 위에 올려 놓으세요.
3, 6, 8이 써 있는 공을 올려 놓으면 정답입니다.

곰돌이는 어떤 열기구 바구니를 타야 할까요?

열기구의 풍선에 써 있는 세 수의 뺄셈을 하여 알맞은 바구니를 찾아 손가락으로 끌어서 빈 곳에 넣으세요.
3이 써 있는 바구니를 넣으면 정답입니다.

세 수의 계산 (2)

▶ 연산 보충 학습(106 ~ 107쪽)에서 더 풀어 보세요.

학부모 지도 가이드

이번 차시에서는 덧셈과 뺄셈이 혼합되어 있는 세 수의 계산에 대해서 배우게 됩니다.

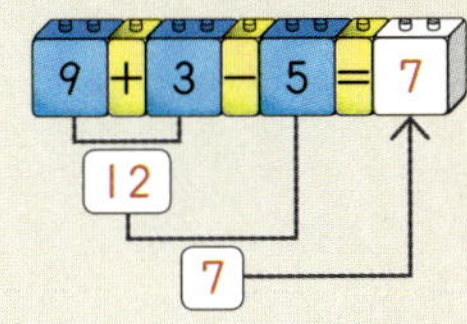
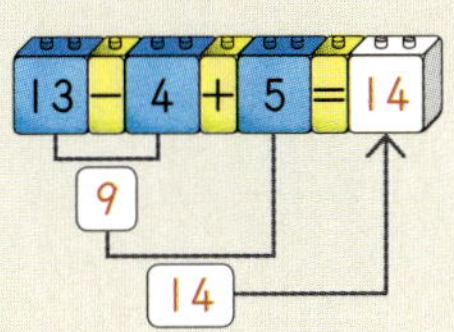

덧셈과 뺄셈의 혼합 계산은 앞에서부터 차례로 계산하는 과정이 무엇보다 중요합니다. 쉬운 계산이 뒤에 있다고 먼저 계산하게 되면 틀리는 경우가 있으므로 아이들이 실수하지 않도록 차례로 풀어야 된다는 점을 강조해서 지도해 주세요.

더하고 빼기

🌳 덧셈과 뺄셈을 하여 빈 곳에 알맞은 수를 쓰세요.

❶ 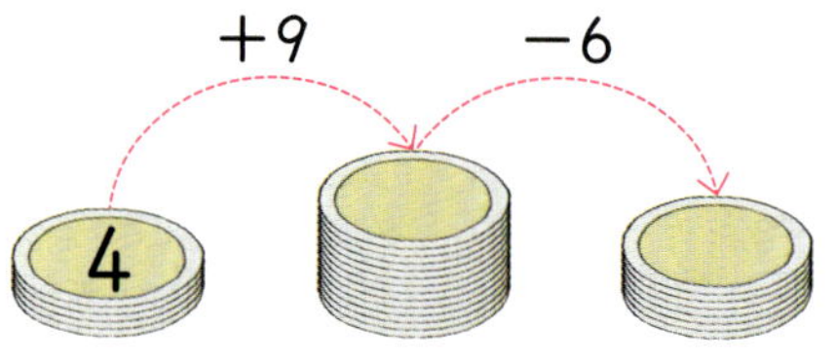

$4 + 9 = \boxed{}$

$\boxed{} - 6 = \boxed{}$

❷ 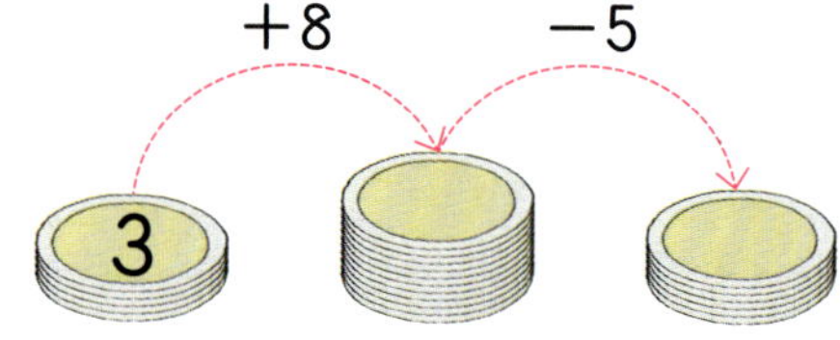

$3 + 8 = \boxed{}$

$\boxed{} - 5 = \boxed{}$

❸ 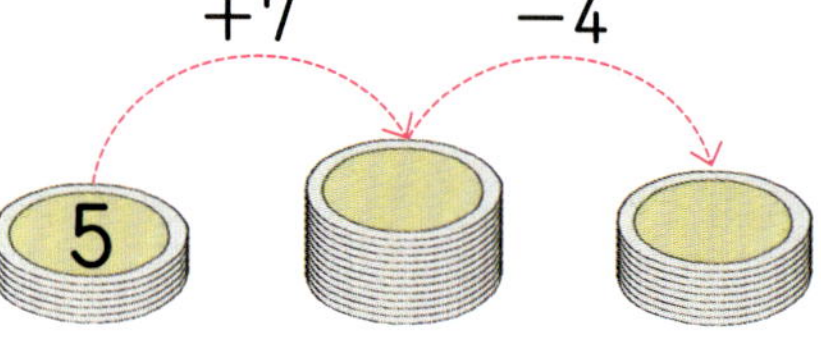

$5 + 7 = \boxed{}$

$\boxed{} - 4 = \boxed{}$

❹ 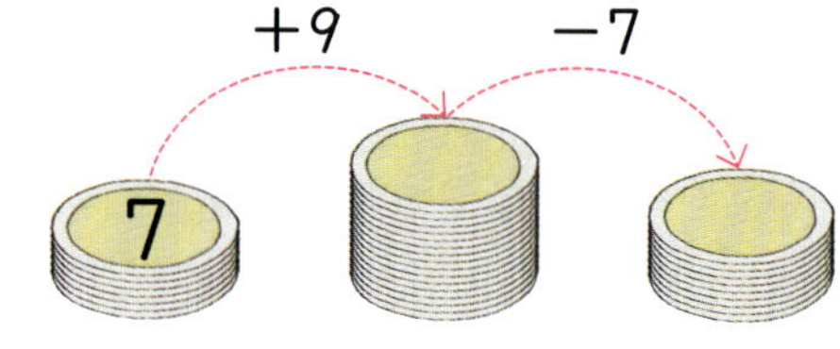

$7 + 9 = \boxed{}$

$\boxed{} - 7 = \boxed{}$

🌱 덧셈과 뺄셈을 하여 빈칸에 알맞은 수를 쓰세요.

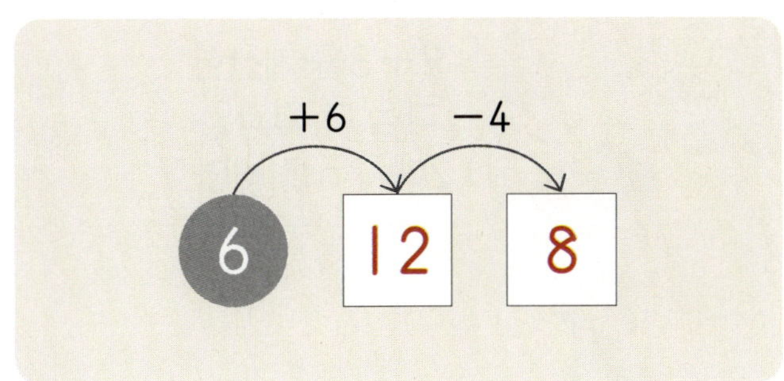

❶ 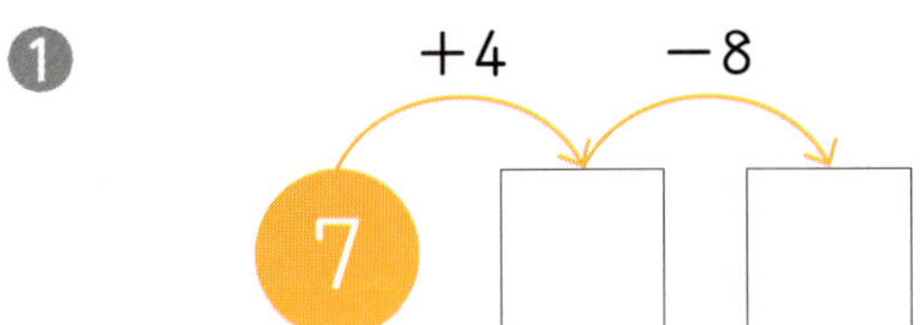

❷ 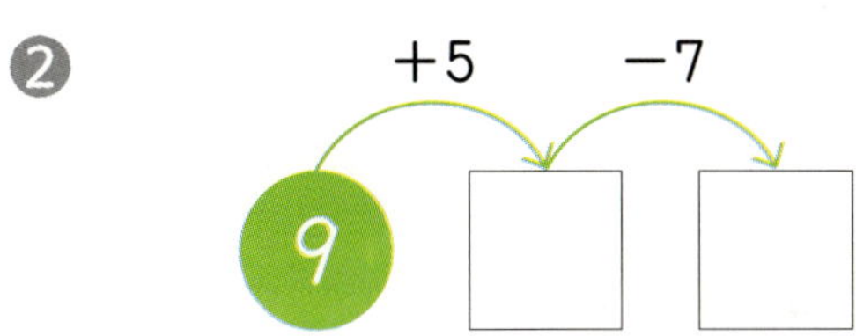

❸ 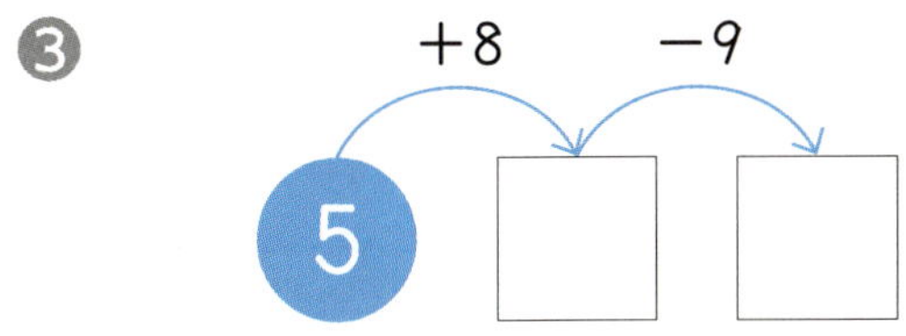

❹ 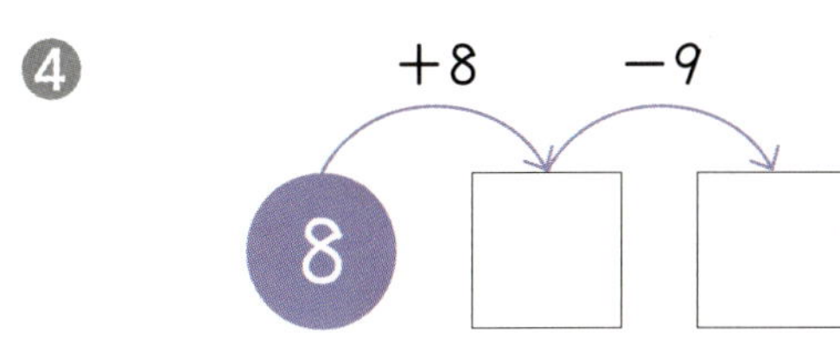

❺ 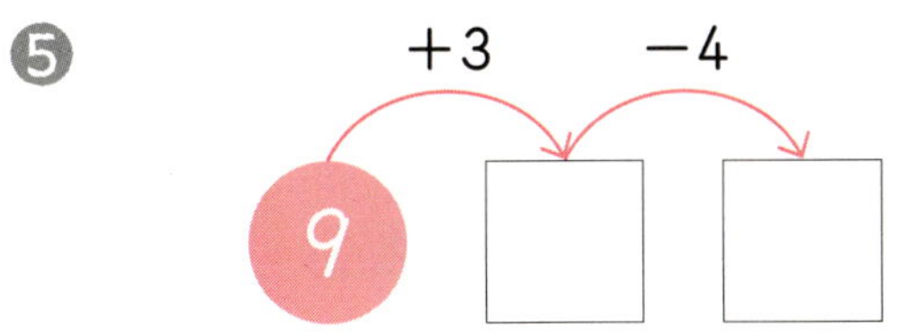

❻ 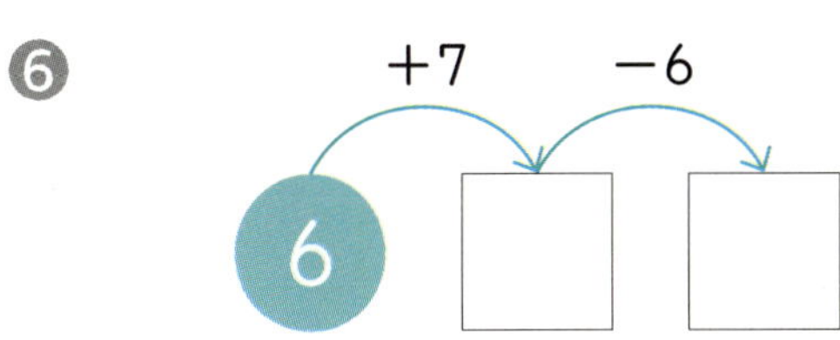

❼ 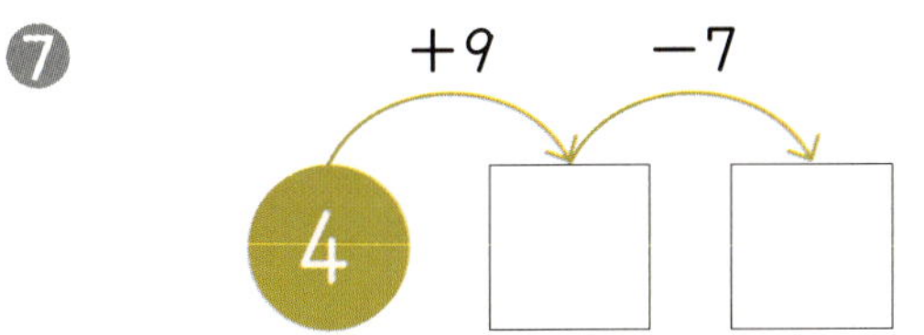

❽ 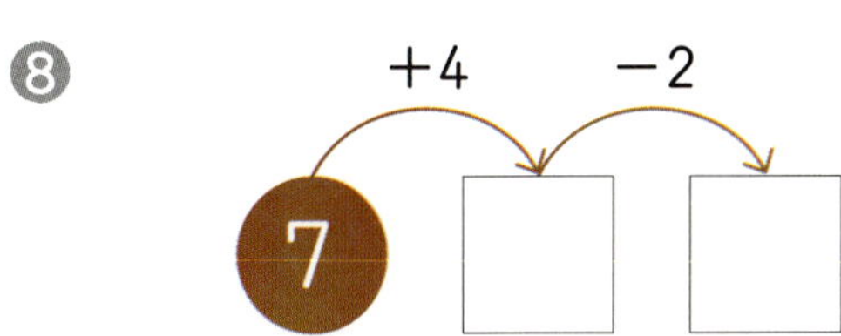

🌳 덧셈과 뺄셈을 하여 빈 곳에 알맞은 수를 쓰세요.

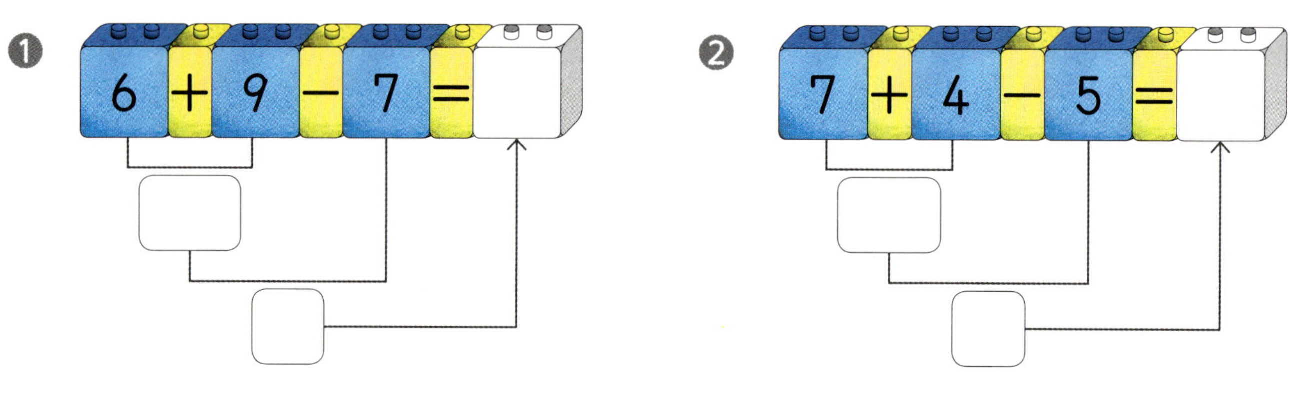

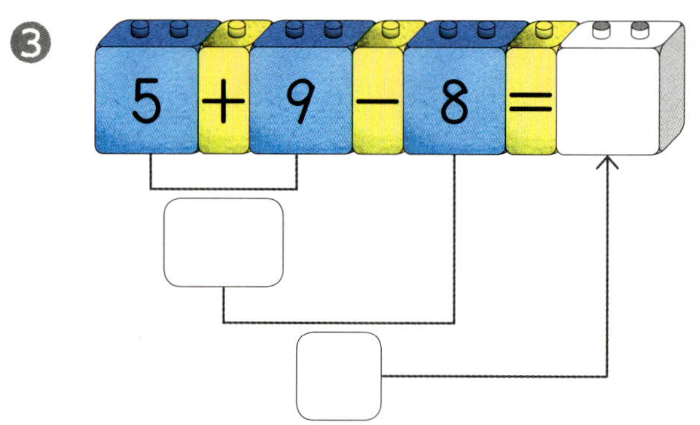

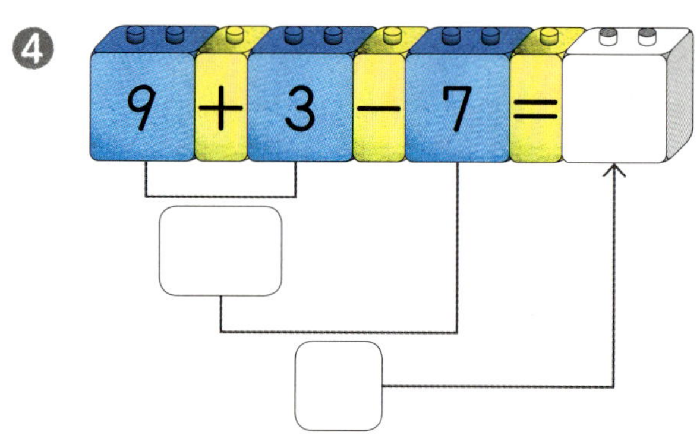

$$5 + 7 - 3 = \boxed{9}$$

12
9

❶ $6 + 9 - 7 = \boxed{}$

❷ $8 + 3 - 6 = \boxed{}$

❸ $9 + 5 - 7 = \boxed{}$

❹ $7 + 8 - 6 = \boxed{}$

❺ $8 + 4 - 9 = \boxed{}$

❻ $5 + 6 - 7 = \boxed{}$

❼ $5 + 9 - 8 = \boxed{}$

❽ $6 + 7 - 5 = \boxed{}$

❾ $8 + 5 - 4 = \boxed{}$

❿ $4 + 7 - 8 = \boxed{}$

토끼가 자기 집을 찾아가고 있어요.

🌳 계산 결과를 찾아 선을 그으세요.

①
8＋7－6＝

②

7＋5－9＝

③
6＋8－7＝

④
5＋8－7＝

계산 결과를 찾아 선을 그으세요.

$6+6-9=$ → 3 / 4 / 5

❶ $5+7-4=$ → 7 / 8 / 9

❷ $8+8-7=$ → 7 / 8 / 9

❸ $7+6-8=$ → 5 / 6 / 7

❹ $9+2-8=$ → 2 / 3 / 4

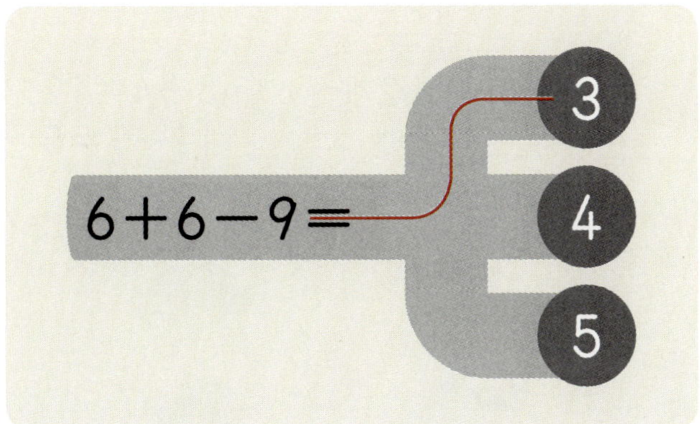

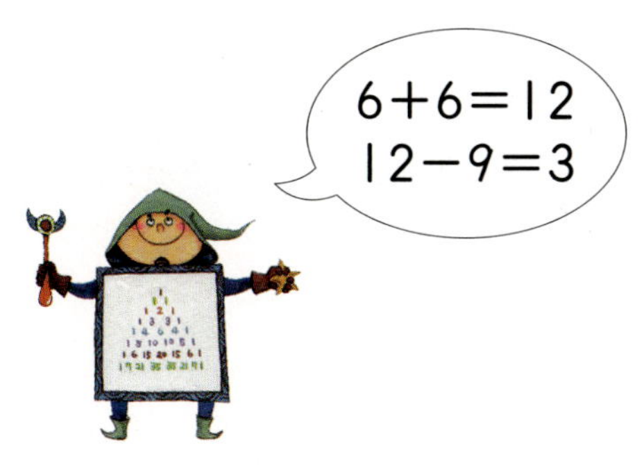

아이들이 과녁 맞히기 놀이를 하고 있어요.

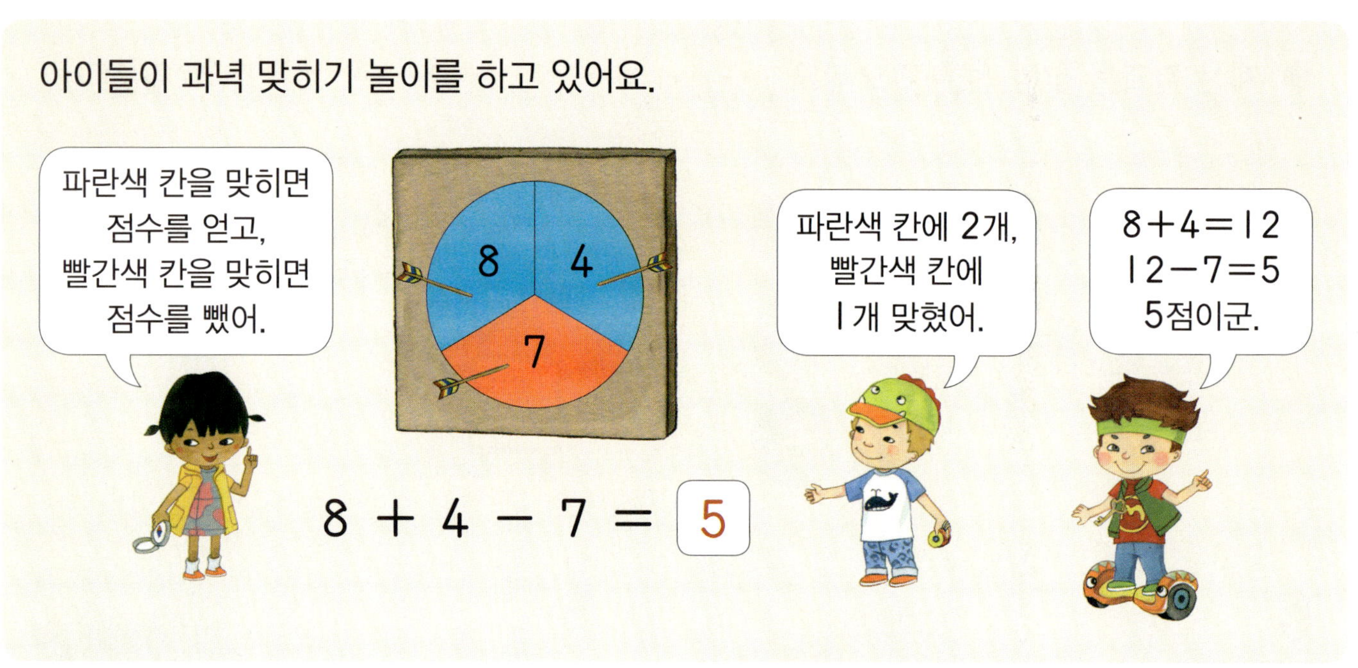

🌳 파란색 칸을 맞히면 점수를 얻고, 빨간색 칸을 맞히면 점수를 뺏겨요. 점수를 계산하세요.

❶
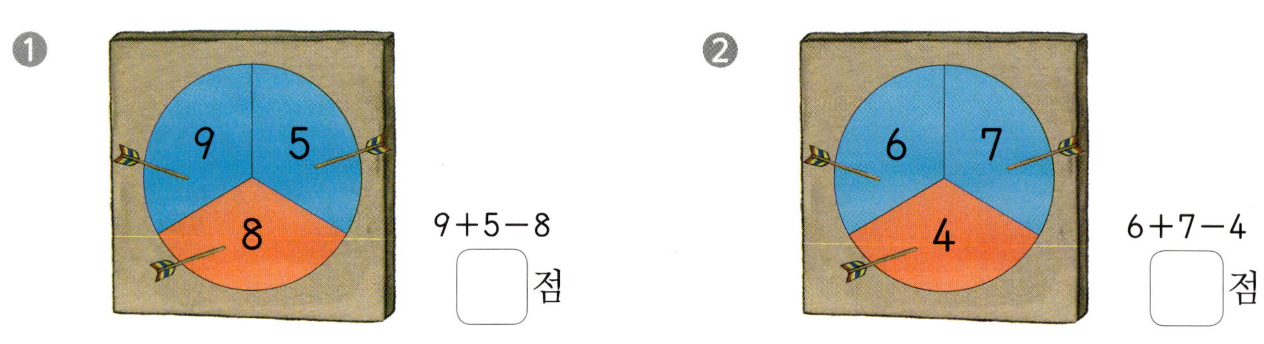

9+5−8

☐ 점

❷

6+7−4

☐ 점

❸
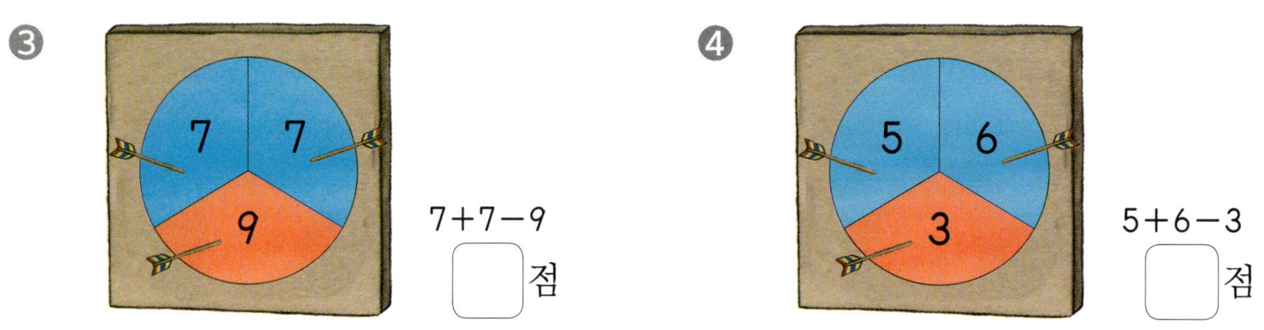

7+7−9

☐ 점

❹

5+6−3

☐ 점

① $3 + 8 - 7 = \boxed{}$

② $6 + 6 - 4 = \boxed{}$

③ $4 + 9 - 6 = \boxed{}$

④ $8 + 6 - 9 = \boxed{}$

⑤ $2 + 9 - 5 = \boxed{}$

⑥ $9 + 7 - 8 = \boxed{}$

⑦ $4 + 8 - 9 = \boxed{}$

⑧ $5 + 8 - 6 = \boxed{}$

⑨ $9 + 5 - 6 = \boxed{}$

⑩ $7 + 5 - 3 = \boxed{}$

빼고 더하기

현우가 접시를 정리하고 있어요.

$$14 - 6 = \boxed{8}$$

$$\boxed{8} + 4 = \boxed{12}$$

🌳 뺄셈과 덧셈을 하여 빈 곳에 알맞은 수를 쓰세요.

❶ 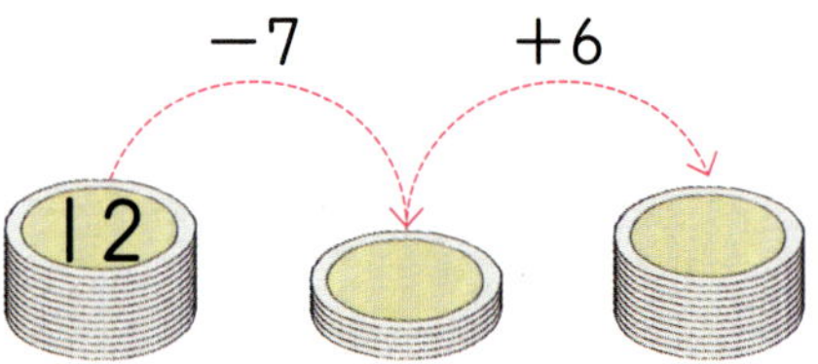

$$12 - 7 = \boxed{}$$

$$\boxed{} + 6 = \boxed{}$$

❷ 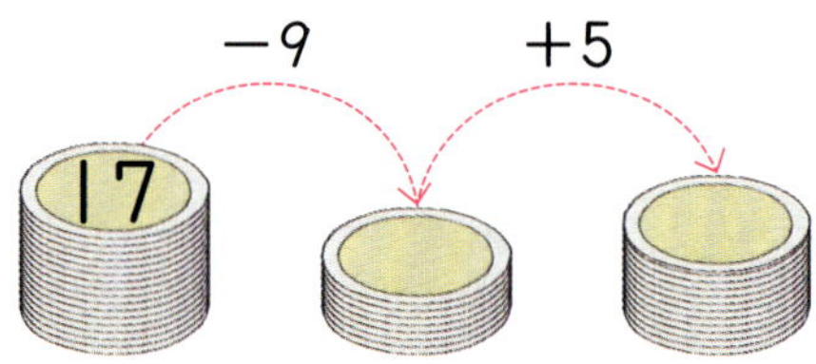

$$17 - 9 = \boxed{}$$

$$\boxed{} + 5 = \boxed{}$$

❸ 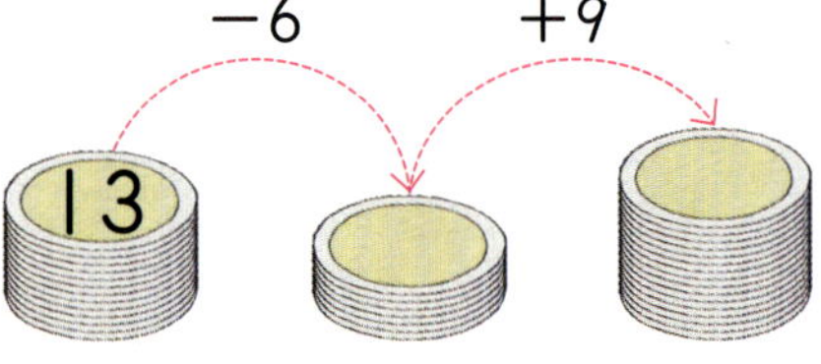

$$13 - 6 = \boxed{}$$

$$\boxed{} + 9 = \boxed{}$$

❹ 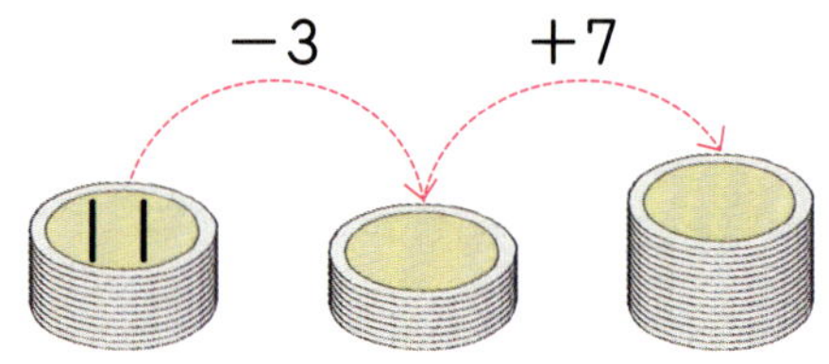

$$11 - 3 = \boxed{}$$

$$\boxed{} + 7 = \boxed{}$$

뺄셈과 덧셈을 하여 빈칸에 알맞은 수를 쓰세요.

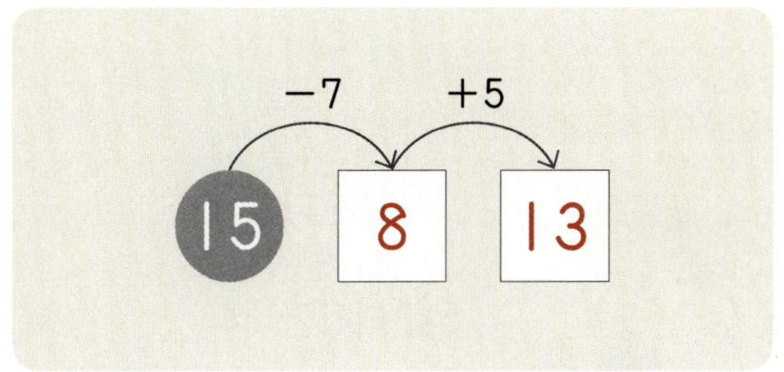

❶ 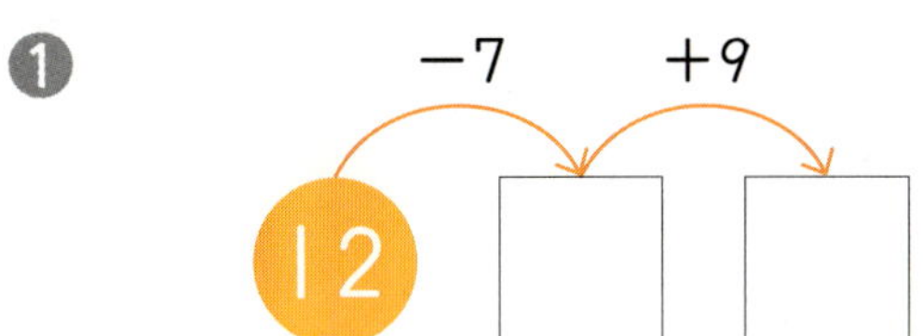

❷ 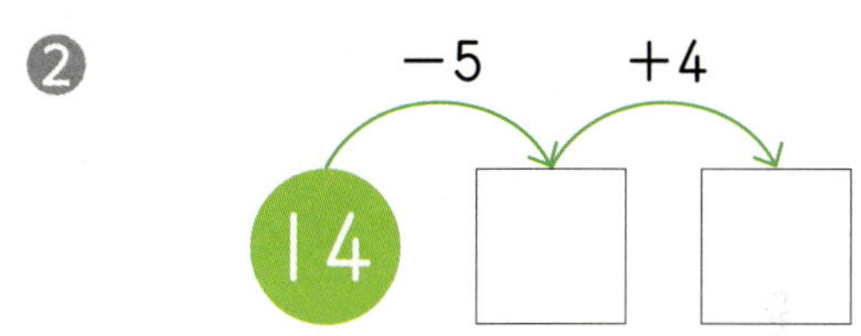

❸ 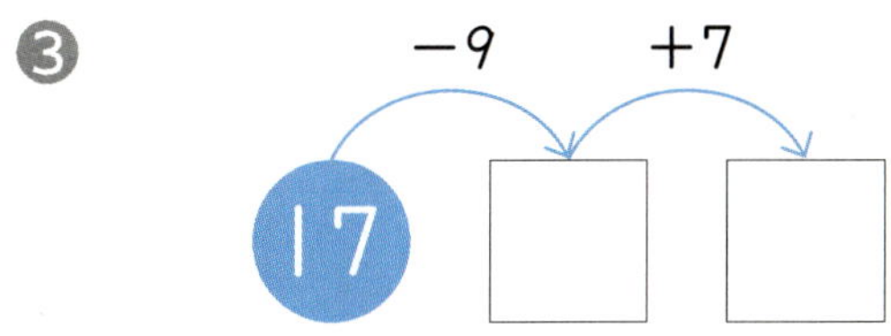

❹ 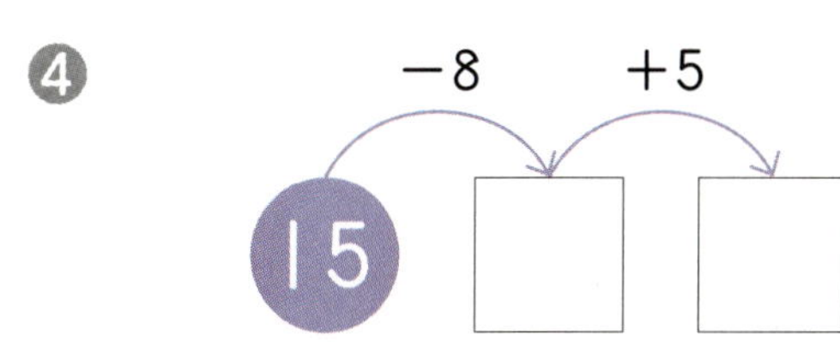

❺ 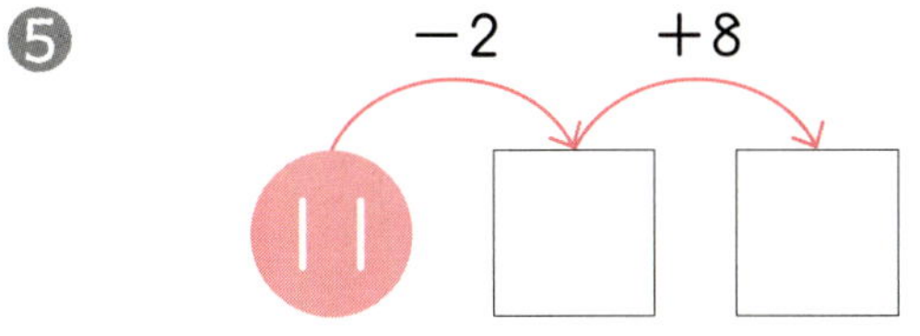

❻ 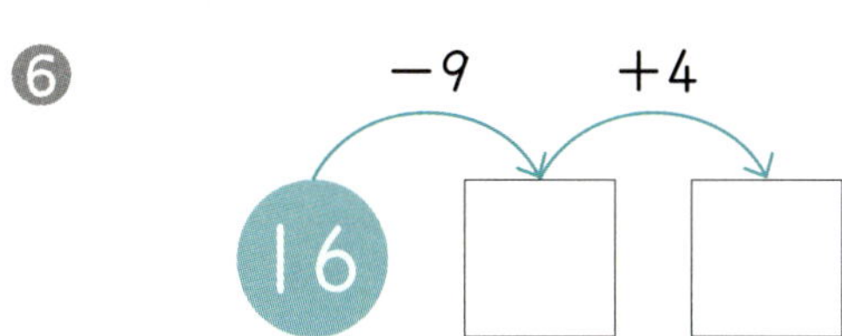

❼ 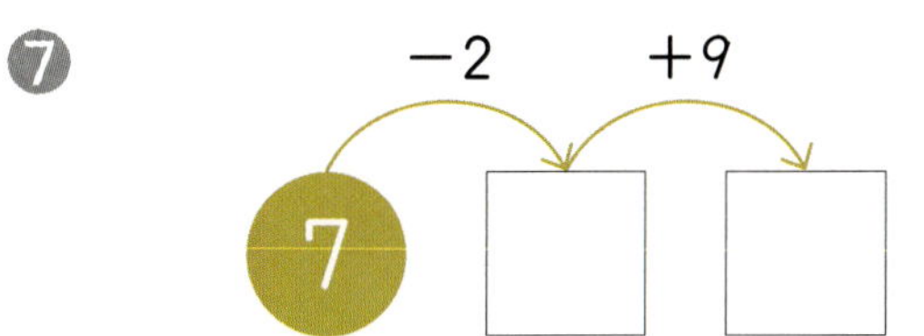

❽ 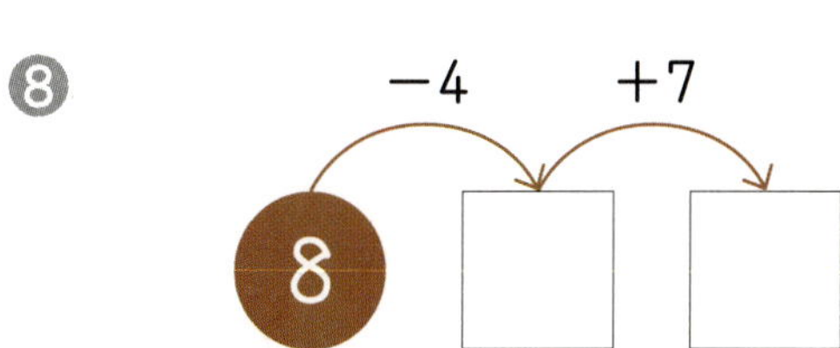

🌳 **뺄셈과 덧셈을 하여 빈 곳에 알맞은 수를 쓰세요.**

❶ 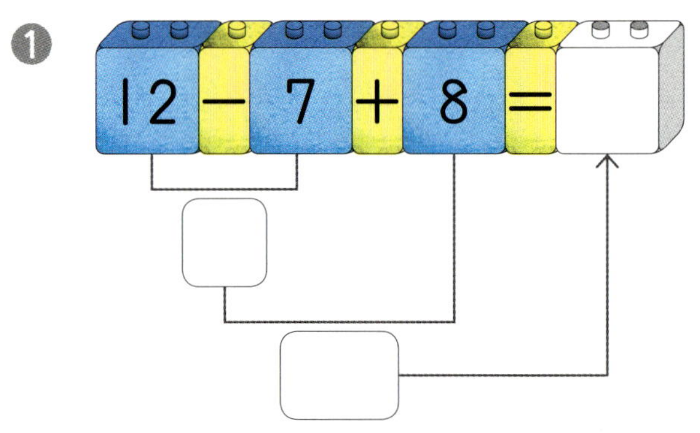

❷ 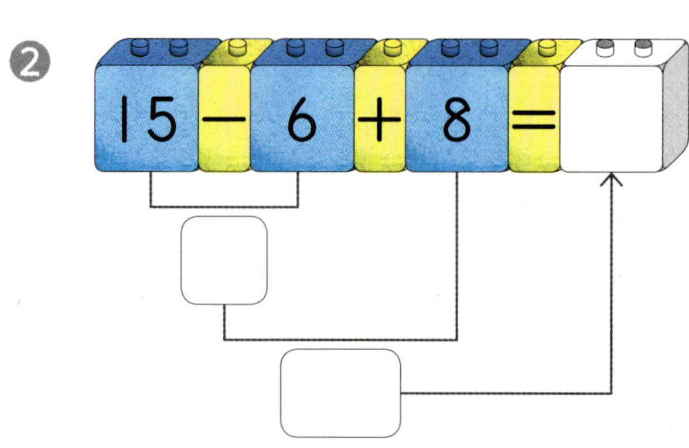

❸ 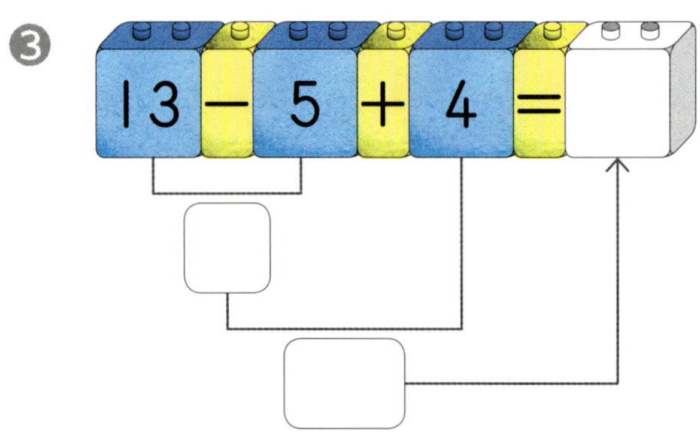

❹ 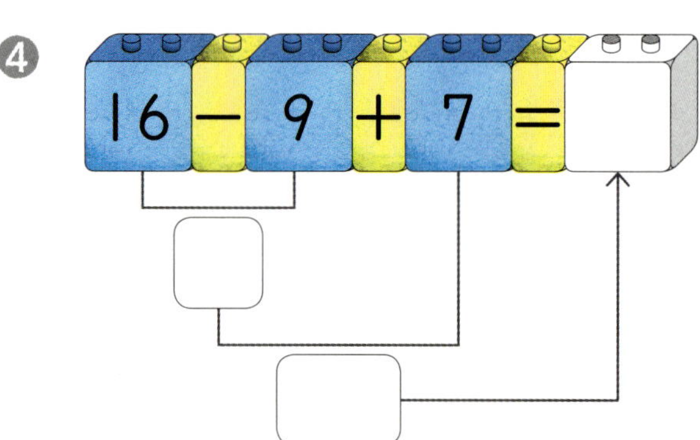

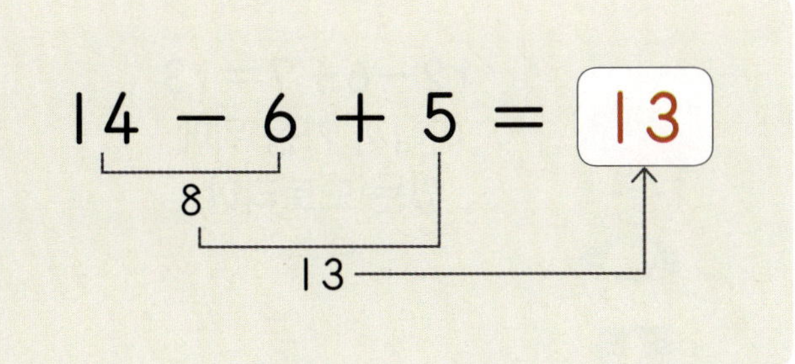

❶ 11 − 5 + 6 = ☐

❷ 13 − 8 + 9 = ☐

❸ 15 − 6 + 2 = ☐

❹ 16 − 7 + 8 = ☐

❺ 12 − 4 + 8 = ☐

❻ 14 − 7 + 6 = ☐

❼ 14 − 6 + 7 = ☐

❽ 11 − 2 + 9 = ☐

❾ 13 − 6 + 4 = ☐

❿ 15 − 8 + 5 = ☐

세 수의 덧셈과 뺄셈 (2)

🌳 계산 결과를 찾아 선을 그으세요.

① $14-8+5=$

② $11-2+7=$

③ $15-7+6=$

④ $12-5+8=$

계산 결과를 찾아 선을 그으세요.

11
11−4+5=
12
13

11−4=7
7+5=12
12가 적힌 길로
선을 그으면 되겠군.

❶

11
16−8+3=
12
13

❷

7
8+8−7=
8
9

❸

13
12−3+4=
14
15

❹

2
9+2−8=
3
4

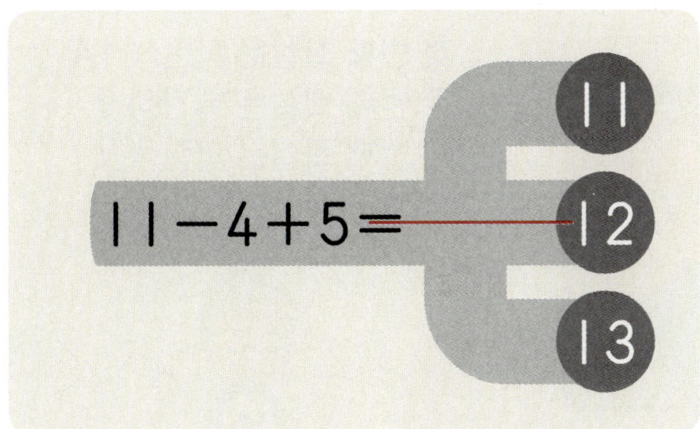

태돌이와 현우가 과녁 맞히기 놀이를 하고 있어요.

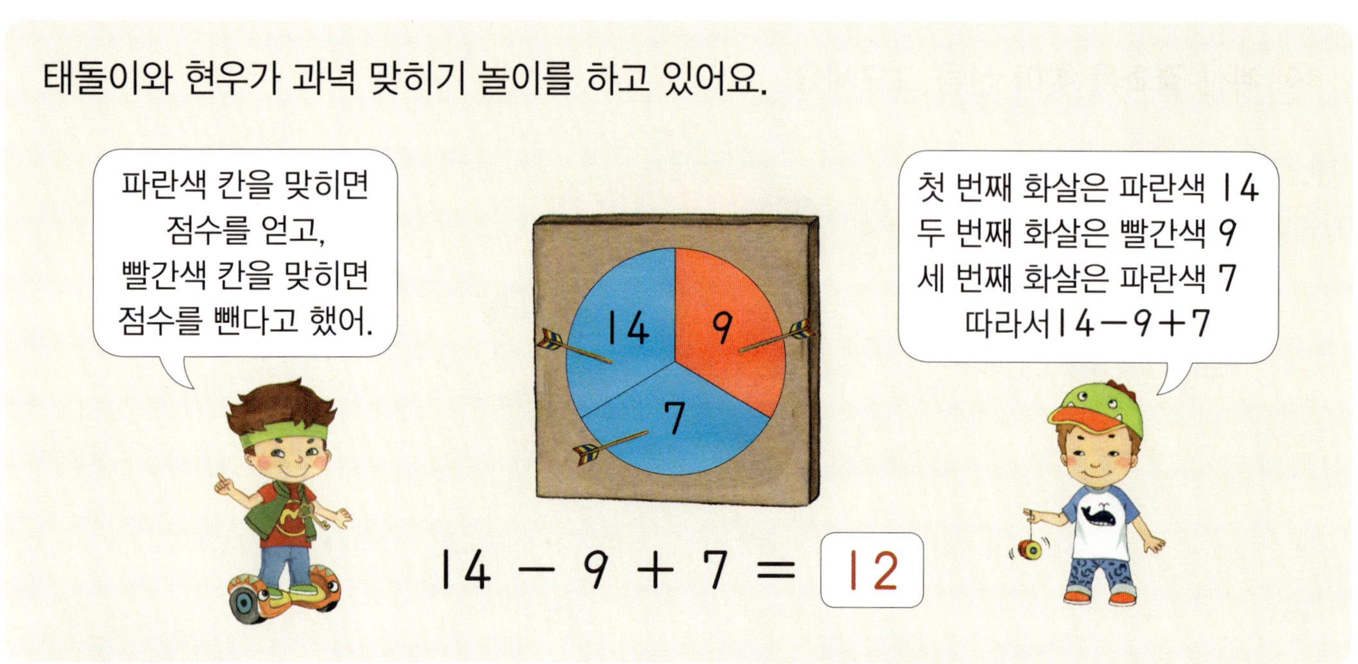

파란색 칸을 맞히면 점수를 얻고, 빨간색 칸을 맞히면 점수를 뺏겨요. 점수를 계산하세요.

❶

12－8＋7

[ ] 점

❷

14－5＋4

[ ] 점

❸

13－7＋9

[ ] 점

❹

11－4＋5

[ ] 점

$16 - 8 + 7 = \boxed{15}$

8
15

❶ $12 - 7 + 6 = \boxed{}$

❷ $15 - 7 + 5 = \boxed{}$

❸ $14 - 5 + 8 = \boxed{}$

❹ $13 - 6 + 7 = \boxed{}$

❺ $18 - 9 + 3 = \boxed{}$

❻ $12 - 4 + 8 = \boxed{}$

❼ $11 - 4 + 6 = \boxed{}$

❽ $12 - 6 + 9 = \boxed{}$

❾ $16 - 7 + 2 = \boxed{}$

❿ $13 - 8 + 9 = \boxed{}$

세 수의 계산

🌱 계산 결과가 10이 되는 곳을 찾아 선을 그어 보물 상자를 찾아가세요.

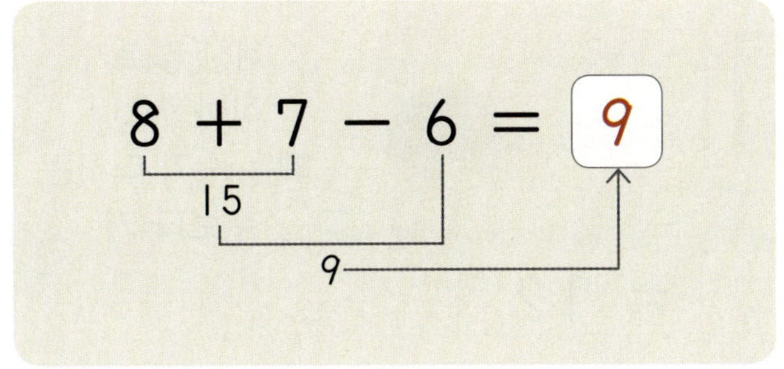

❶ $9 + 4 - 8 = \boxed{}$

❷ $14 - 8 + 6 = \boxed{}$

❸ $8 + 8 - 7 = \boxed{}$

❹ $12 - 4 + 7 = \boxed{}$

❺ $6 + 7 - 9 = \boxed{}$

❻ $15 - 8 + 4 = \boxed{}$

❼ $9 + 5 - 6 = \boxed{}$

❽ $11 - 6 + 8 = \boxed{}$

❾ $6 + 6 - 5 = \boxed{}$

❿ $13 - 6 + 9 = \boxed{}$

티나가 숫자 카드에 써 있는 수를 이용하여 식을 완성하고 있어요.

$15 - \boxed{7} + \boxed{4} = 12$

🌳 주어진 수를 ☐ 안에 한 개씩 넣어 식을 완성하세요.

①

$12 + \boxed{} - \boxed{} = 11$

②

$14 - \boxed{} + \boxed{} = 9$

③

$13 + \boxed{} - \boxed{} = 10$

④

$15 - \boxed{} + \boxed{} = 13$

주어진 수를 ☐ 안에 한 개씩 넣어 식을 완성하세요.

$$\boxed{5} + \boxed{8} - \boxed{6} = 7$$

① (4 7 6) $\boxed{} + \boxed{} - \boxed{} = 9$

② (4 5 13) $\boxed{} - \boxed{} + \boxed{} = 12$

③ (3 6 8) $\boxed{} + \boxed{} - \boxed{} = 5$

④ (5 12 7) $\boxed{} - \boxed{} + \boxed{} = 14$

⑤ (7 8 9) $\boxed{} + \boxed{} - \boxed{} = 8$

무엇을 배웠을까요

🌲 덧셈과 뺄셈을 하여 빈칸에 알맞은 수를 쓰세요.

❶ 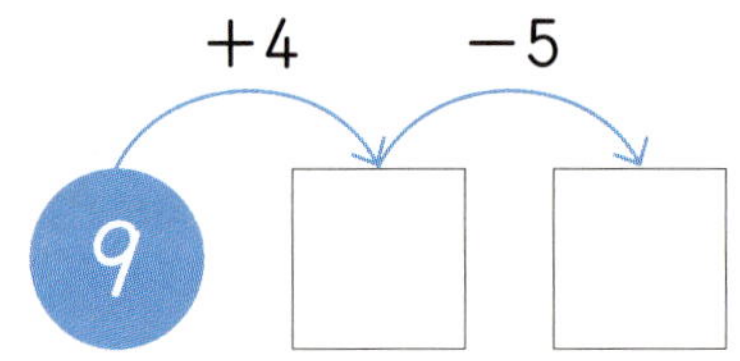

❷ 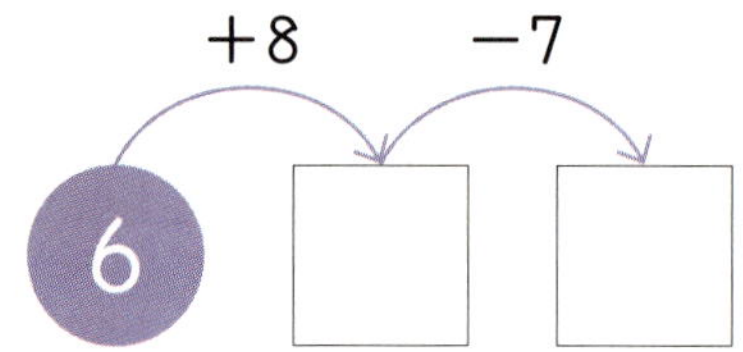

🌲 계산 결과를 찾아 선을 그으세요.

❸ $8+6-8=$ ⑤ ⑥ ⑦

❹ $9+3-8=$ ② ③ ④

🌲 계산을 하세요.

❺ $9 + 5 - 7 = \boxed{}$

❻ $7 + 8 - 6 = \boxed{}$

❼ $8 + 4 - 9 = \boxed{}$

❽ $5 + 6 - 7 = \boxed{}$

❾ $6 + 7 - 8 = \boxed{}$

❿ $7 + 6 - 5 = \boxed{}$

🌲 뺄셈과 덧셈을 하여 빈칸에 알맞은 수를 쓰세요.

⑪ 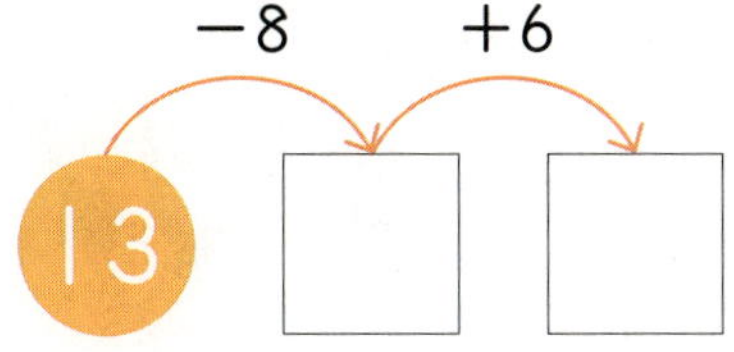

⑫ 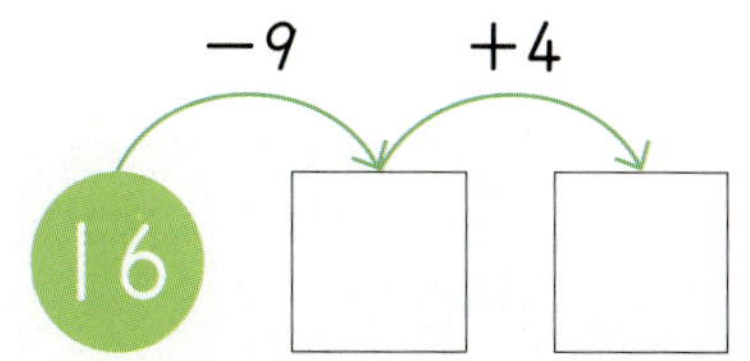

🌲 계산을 하세요.

⑬ $15 - 7 + 5 = \boxed{}$

⑭ $6 + 8 - 9 = \boxed{}$

⑮ $14 - 6 + 8 = \boxed{}$

⑯ $7 + 5 - 6 = \boxed{}$

⑰ $16 - 7 + 2 = \boxed{}$

⑱ $8 + 3 - 3 = \boxed{}$

🌲 주어진 수를 ☐ 안에 한 개씩 넣어 식을 완성하세요.

⑲ 3 7 8 $\boxed{} + \boxed{} - \boxed{} = 4$

⑳ 9 12 3 $\boxed{} - \boxed{} + \boxed{} = 18$

QR코드를 찍으면 다양한 연산 게임을 할 수 있어요.

꿈틀꿈틀 애벌레

애벌레의 꼬리에 알맞은 수는 무엇일까요?

애벌레의 몸에 써 있는 세 수의 계산을 하여 아래에서 답을 찾아 손가락으로 끌어서 빈 곳에 넣으세요.
4를 넣으면 정답입니다.

사격 결과는 몇 점일까요?

전광판에 써 있는 세 수의 계산을 하여 그 답이 써 있는 과녁판을 손가락으로 누르세요.
11이 써 있는 과녁판을 누르면 정답입니다.

나는 사격왕

□가 있는 세 수의 계산

▶ 연산 보충 학습(108쪽)에서 더 풀어 보세요.

학부모 지도 가이드

이번 차시는 □가 있는 세 수의 계산을 배우게 됩니다.

□가 있는 계산은 단순 연산뿐 아니라 덧셈과 뺄셈의 관계를 생각하면서 풀어야 하기 때문에 아이들이 어려워 할 수 밖에 없습니다. 풀이 단계를 설명해 주면서 반복 학습을 통해 □가 있는 연산에 익숙해질 수 있도록 도와주세요.

□ 안에 알맞은 수를 쓰세요.

① 

② 

③

🌱 □ 안에 알맞은 수를 쓰세요.

$$12 - 6 + \boxed{5} = 11$$
$$6 \quad + \boxed{5} = 11$$

❶ $2 + 6 + \boxed{} = 13$
$$8 \quad + \boxed{} = 13$$

❷ $9 + 4 + \boxed{} = 15$
$$13 \quad + \boxed{} = 15$$

❸ $5 + 8 - \boxed{} = 9$

❹ $8 + 7 - \boxed{} = 10$

❺ $16 - 5 - \boxed{} = 2$

❻ $15 - 2 - \boxed{} = 7$

❼ $17 - 6 + \boxed{} = 14$

❽ $16 - 7 + \boxed{} = 17$

자동차가 갈림길을 지나 집으로 가고 있어요.

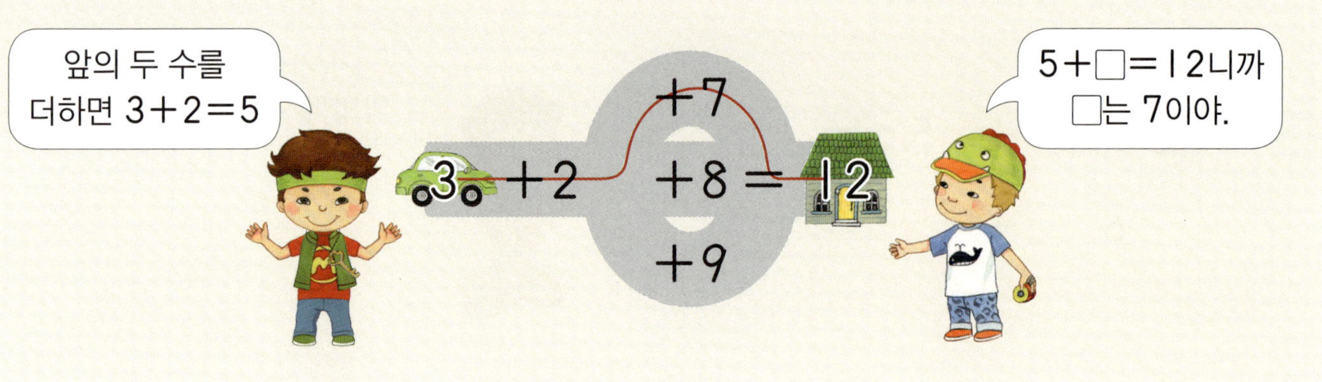

🌳 올바른 식이 되도록 선을 그으세요.

① 7 +1
+5
+6 = 14
+7

② 9 +3
−3
−4 = 7
−5

③ 6 +7
−6
−7 = 5
−8

④ 17 −2
−6
−7 = 9
−8

⑤ 14 −8
+7
+8 = 15
+9

⑥ 12 −5
+4
+5 = 11
+6

● □ 안에 알맞은 수를 쓰세요.

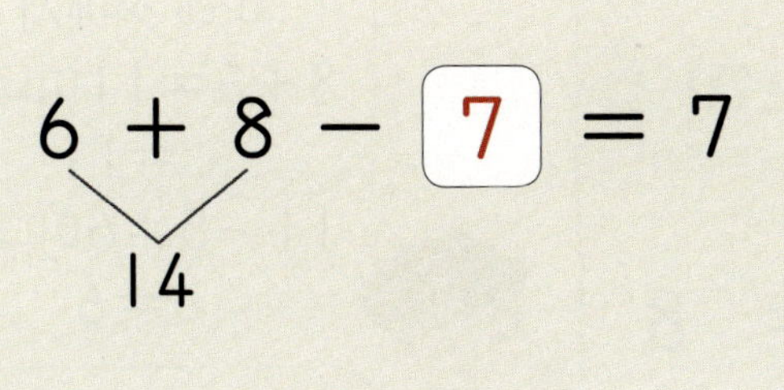

$$6 + 8 - \boxed{7} = 7$$
$$14$$

① $7 + 8 + \boxed{} = 18$ 15

② $4 + 1 + \boxed{} = 13$ 5

③ $9 + 5 - \boxed{} = 8$

④ $5 + 6 - \boxed{} = 4$

⑤ $7 + 7 - \boxed{} = 6$

⑥ $19 - 6 - \boxed{} = 9$

⑦ $13 - 7 - \boxed{} = 1$

⑧ $14 - 5 + \boxed{} = 18$

⑨ $16 - 8 + \boxed{} = 11$

⑩ $11 - 4 + \boxed{} = 13$

모양이 나타내는 수

태돌이가 만든 식에 큐리가 붙임 딱지를 붙였어요.

$$5 + ⭐6 = ♥11$$

$$♥11 - 3 = 8$$

🌳 같은 모양은 같은 수를 나타내요. ♥와 ⭐에 알맞은 수를 쓰세요.

①

$$3 + ⭐ = ♥$$

$$♥ + 7 = 14$$

②

$$18 - ⭐ = ♥$$

$$♥ - 9 = 4$$

③

$$14 - ⭐ = ♥$$

$$♥ + 5 = 11$$

④

$$⭐ + 4 = ♥$$

$$♥ + 3 = 15$$

$14 - 3 = 11$

$11 - 2 = 9$

❶
$3 + \blacksquare = \bullet$

$\bullet + 6 = 15$

❷
$8 + \blacksquare = \bullet$

$\bullet - 7 = 6$

❸
$12 - \blacksquare = \bullet$

$\bullet + 7 = 16$

❹
$\blacksquare - 5 = \bullet$

$\bullet - 6 = 2$

❺
$\blacksquare + 8 = \bullet$

$\bullet - 5 = 9$

❻
$\blacksquare - 3 = \bullet$

$\bullet + 4 = 12$

티나가 만든 식에 현우가 붙임 딱지를 붙였어요.

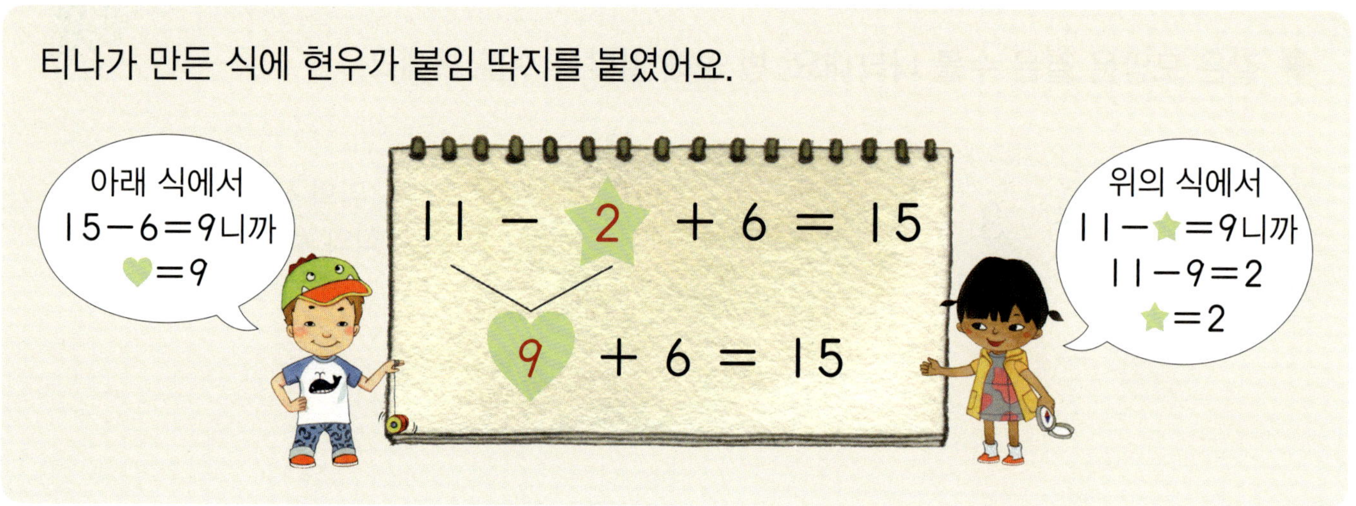

🌳 ★와 ♥에 알맞은 수를 쓰세요.

❶

❷

❸

❹

빈 곳에 알맞은 수를 쓰세요.

$$9 + \boxed{6} - 8 = 7$$
$$\boxed{15} - 8 = 7$$

① $5 + \boxed{} + 4 = 18$
$\bigcirc + 4 = 18$

② $17 - \boxed{} - 9 = 3$
$\bigcirc - 9 = 3$

③ $14 - \boxed{} + 4 = 11$
$\bigcirc + 4 = 11$

④ $\boxed{} + 6 - 5 = 9$
$\bigcirc - 5 = 9$

⑤ $\boxed{} - 7 + 3 = 13$
$\bigcirc + 3 = 13$

⑥ $\boxed{} - 6 + 8 = 16$
$\bigcirc + 8 = 16$

□가 있는 세 수의 계산 (2)

계산 결과가 같은 기차 2대가 나란히 달리고 있어요.

□ 안에 알맞은 수를 쓰세요.

❶

❷

❸

$$9 + \boxed{4} - 7 = 6$$

$$13 \qquad - 7 = 6$$

❶ $$5 + \boxed{} + 3 = 15$$

$$12 \qquad + 3 = 15$$

❷ $$\boxed{} + 8 + 1 = 18$$

$$17 \qquad + 1 = 18$$

❸ $$8 + \boxed{} - 7 = 5$$

❹ $$\boxed{} + 3 + 8 = 16$$

❺ $$13 - \boxed{} - 4 = 3$$

❻ $$\boxed{} + 7 - 9 = 4$$

❼ $$19 - \boxed{} - 7 = 9$$

❽ $$\boxed{} - 2 - 8 = 7$$

5
7
4
6
POST
POST
POST
POST
$8+\square-9=6$
$\square+3+7=16$
$13-\square+5=14$
$\square+7-4=8$
새들이 편지 봉투를 우체통에 넣으려고 해.
우체통의 □에 들어갈 수가 적힌 편지 봉투를 찾아 선으로 이어야 해.

$$\boxed{14} - 7 + 5 = 12$$

❶ $4 + \boxed{} + 2 = 14$

❷ $\boxed{} + 8 + 5 = 16$

❸ $5 + \boxed{} - 7 = 7$

❹ $\boxed{} + 6 - 9 = 4$

❺ $12 - \boxed{} - 1 = 6$

❻ $\boxed{} + 6 - 8 = 7$

❼ $16 - \boxed{} + 3 = 12$

❽ $\boxed{} - 5 - 6 = 8$

＋와 －

자동차가 갈림길을 지나 집을 찾아가고 있어요.

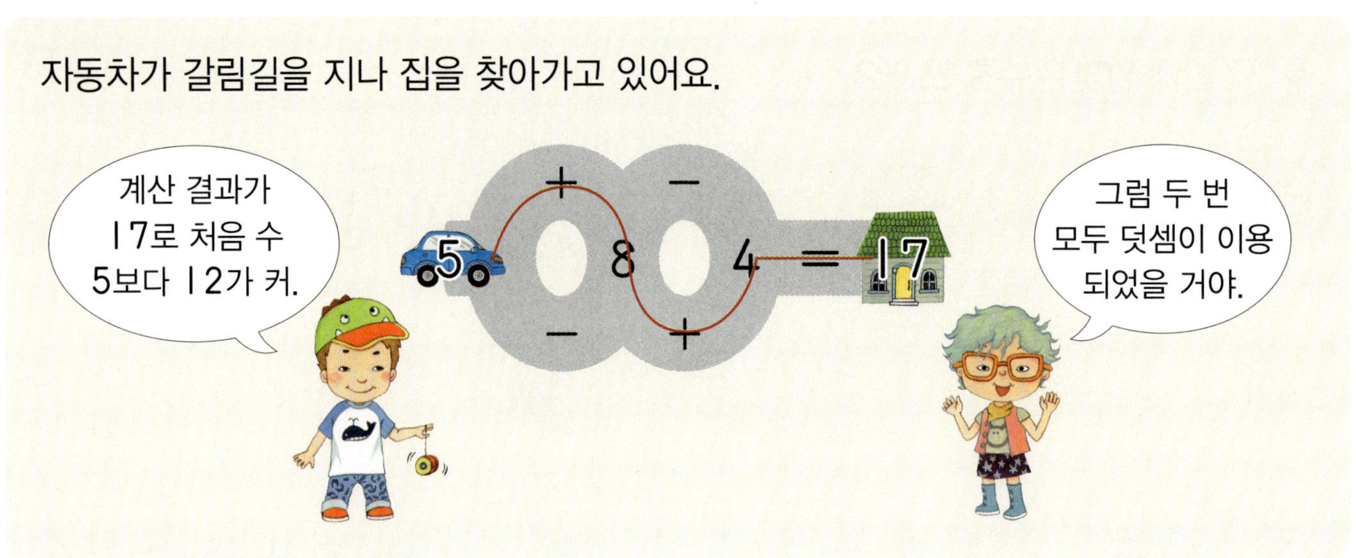

🌳 올바른 식이 되도록 선을 그으세요.

①
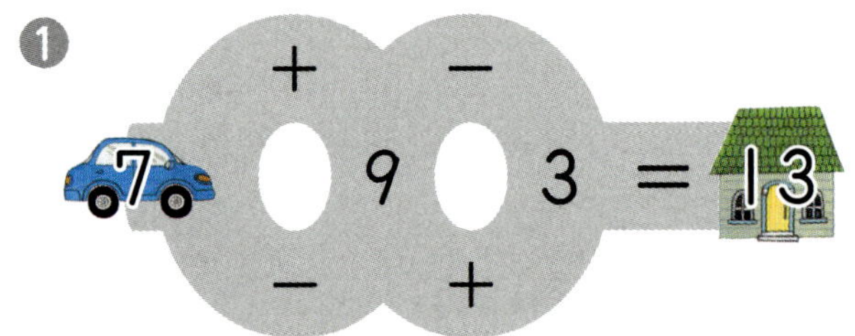

②
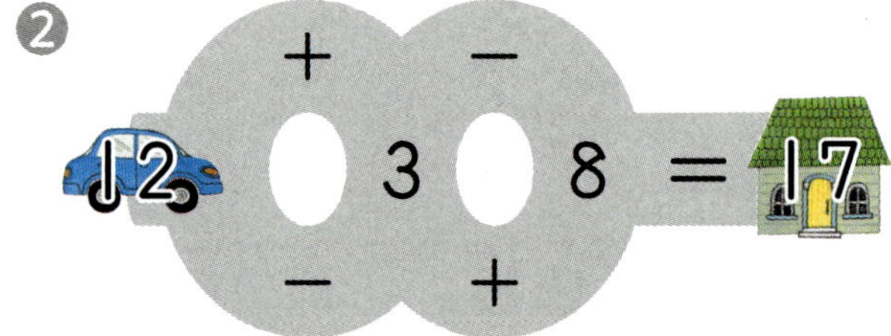

③

④
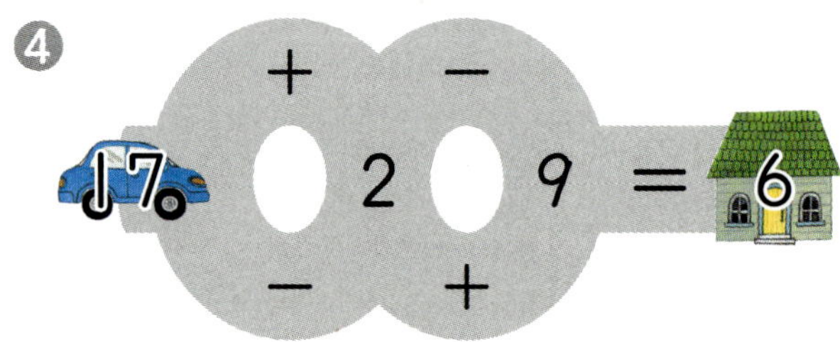

⑤
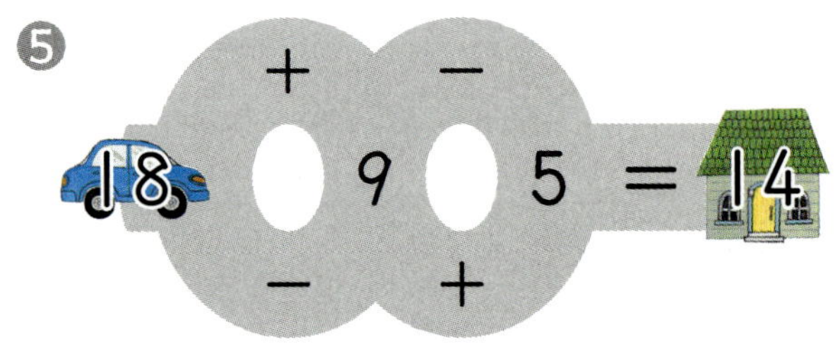

⑥
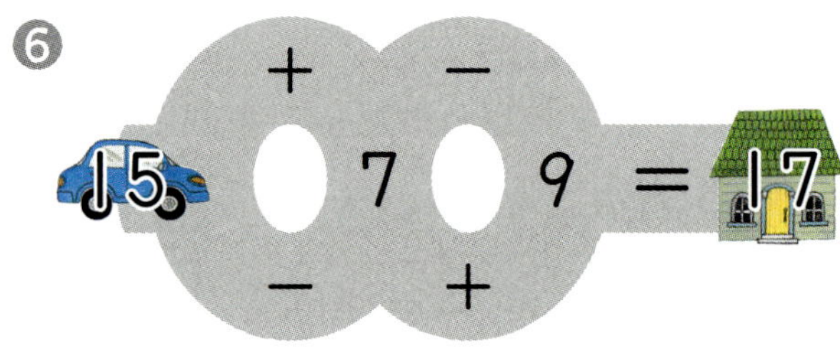

● 올바른 식이 되도록 선을 그으세요.

일단 여러 가지 방법으로
계산해 보는 거야.
8+5+6=19
8+5−6=7
8−5+6=9

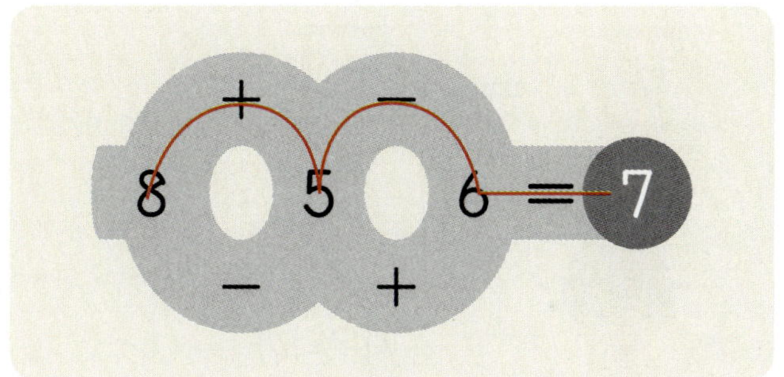

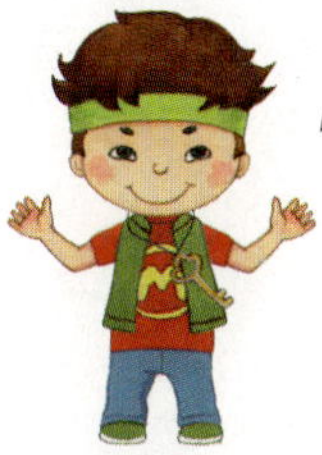

❶

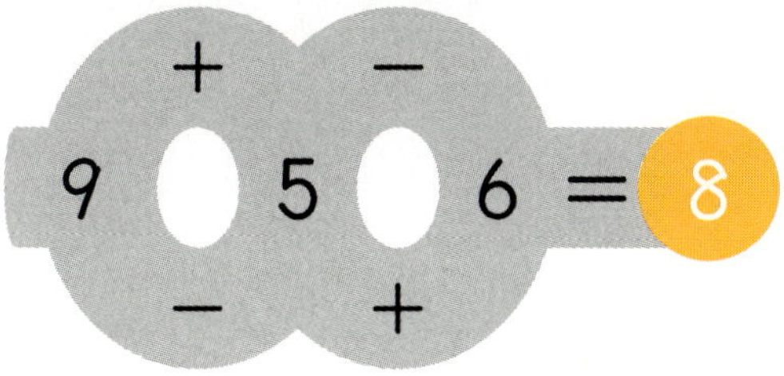

❷

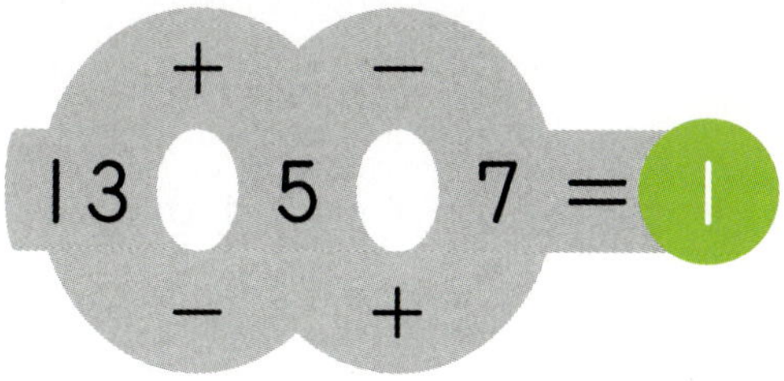

❸

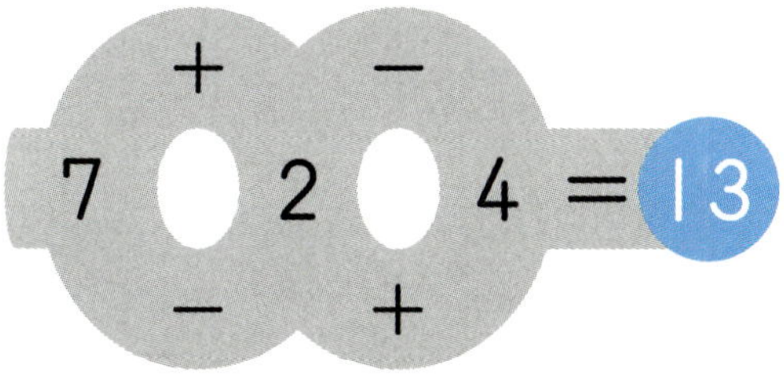

❹

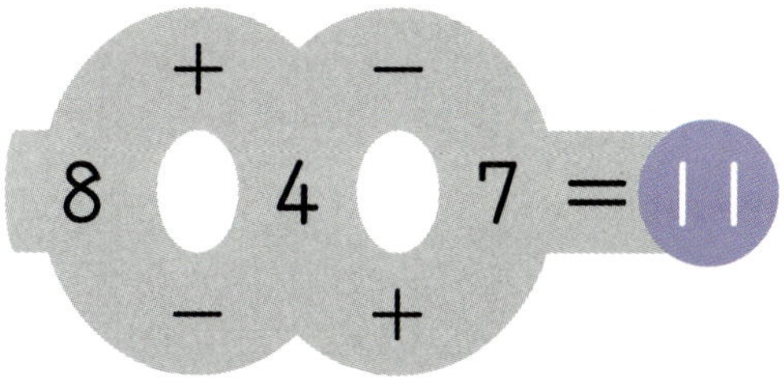

❺

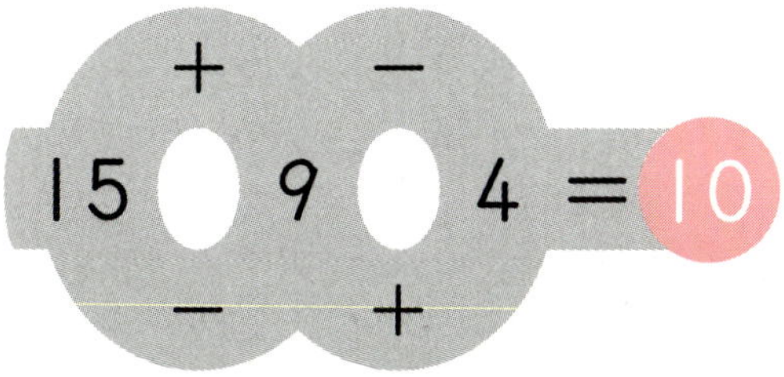

❻

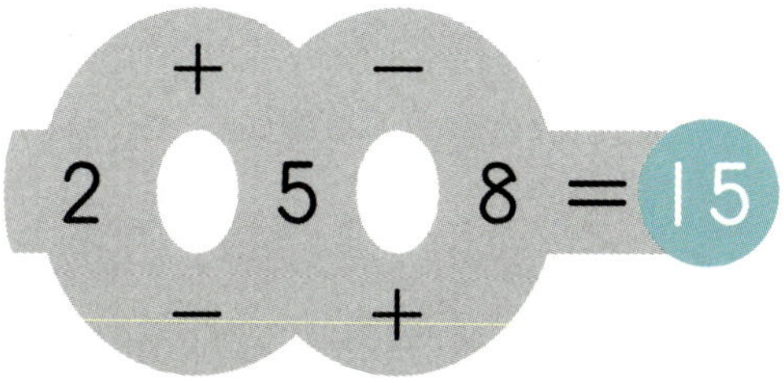

태돌이와 티나가 올바른 식을 만들고 있어요.

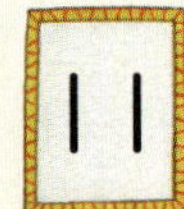 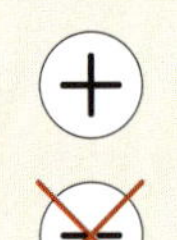    

🌳 올바른 식이 되도록 알맞지 않은 기호를 찾아 ✕표 하세요.

❶     = 

❷  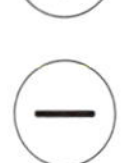 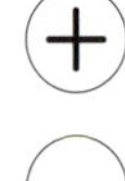 =

❸    =

❹  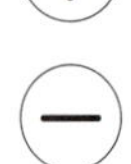 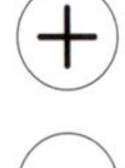 =

$$17 \bigcirc - 2 \bigcirc - 6 = 9$$

① $16 \bigcirc 7 \bigcirc 2 = 11$
② $5 \bigcirc 8 \bigcirc 2 = 15$

③ $7 \bigcirc 3 \bigcirc 9 = 13$
④ $11 \bigcirc 3 \bigcirc 7 = 7$

⑤ $9 \bigcirc 6 \bigcirc 3 = 12$
⑥ $18 \bigcirc 4 \bigcirc 6 = 8$

⑦ $6 \bigcirc 7 \bigcirc 4 = 17$
⑧ $4 \bigcirc 7 \bigcirc 5 = 6$

⑨ $14 \bigcirc 2 \bigcirc 8 = 8$
⑩ $13 \bigcirc 8 \bigcirc 1 = 4$

▲ ☐ 안에 알맞은 수를 쓰세요.

❶ $5 + 9 - \boxed{} = 8$ 　　　❷ $8 + 4 - \boxed{} = 10$

❸ $17 - 5 - \boxed{} = 7$ 　　　❹ $14 - 8 + \boxed{} = 9$

▲ 같은 모양은 같은 수를 나타내요. 빈 곳에 알맞은 수를 쓰세요.

❺ $12 - \blacksquare = \bullet$
　　$\bullet + 7 = 17$

❻ $\blacksquare - 5 = \bullet$
　　$\bullet - 6 = 5$

▲ 빈 곳에 알맞은 수를 쓰세요.

❼ $\blacksquare - 7 + 4 = 15$
　　$\bullet + 4 = 15$

❽ $\blacksquare - 6 + 9 = 16$
　　$\bullet + 9 = 16$

🌲 □ 안에 알맞은 수를 쓰세요.

⑨ $13 - \boxed{} - 2 = 7$

⑩ $\boxed{} + 6 - 9 = 9$

⑪ $17 - \boxed{} + 3 = 12$

⑫ $\boxed{} - 3 - 8 = 8$

🌲 올바른 식이 되도록 선으로 이으세요.

⑬ 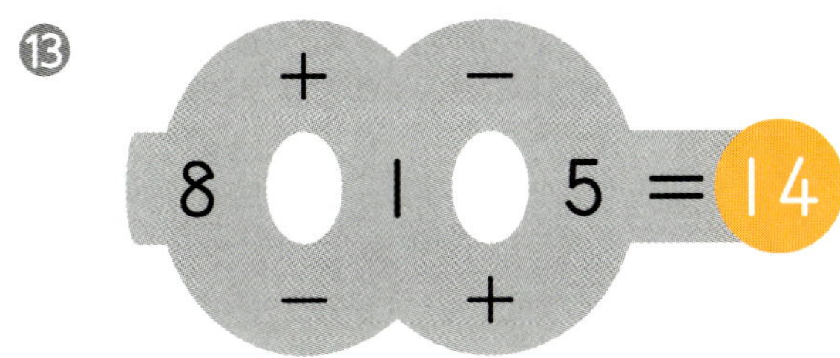

⑭ 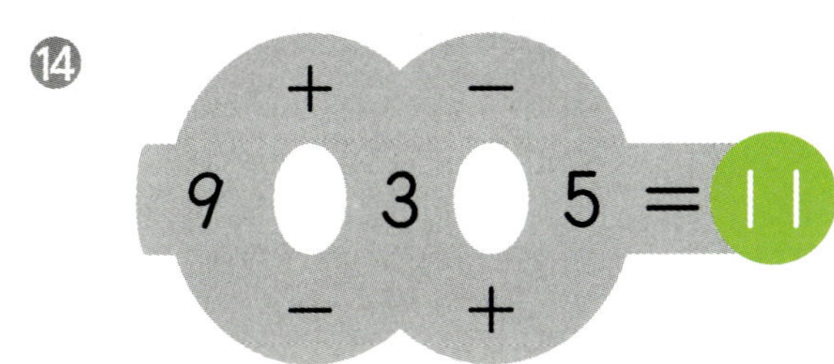

공부한 날

월

일

🌲 ○ 안에 + 또는 −를 쓰세요.

⑮ $7 \bigcirc 3 \bigcirc 6 = 10$

⑯ $16 \bigcirc 5 \bigcirc 2 = 9$

⑰ $8 \bigcirc 2 \bigcirc 3 = 13$

⑱ $5 \bigcirc 8 \bigcirc 6 = 7$

연산력 게임

QR코드를 찍으면 다양한 연산 게임을 할 수 있어요.

알맞은 오토바이를 탄 곰돌이는 누구일까요?

신호등에 써 있는 세 수의 합을 구하여 그 답이 써 있는 오토바이를 찾아 손가락으로 누르세요.

17이 써 있는 오토바이를 누르면 정답입니다.

어떤 공이 골대 안으로 들어갔을까요?

골대 위에 써 있는 세 수의 계산을 하여 그 답이 써 있는 축구공을 손가락으로 끌어서 골대 안에 넣으세요.

7이 써 있는 축구공을 넣으면 정답입니다.

연산 보충 학습

덧셈과 뺄셈의 관계

관련 쪽수: 6~31쪽

❖ 덧셈식을 보고 뺄셈식 2개를 만드세요.

❶ $9 + 7 = 16$

$$\boxed{} - \boxed{} = \boxed{}$$

$$\boxed{} - \boxed{} = \boxed{}$$

❷ $4 + 8 = 12$

$$\boxed{} - \boxed{} = \boxed{}$$

$$\boxed{} - \boxed{} = \boxed{}$$

❖ 뺄셈식을 보고 덧셈식 2개를 만드세요.

❸ $14 - 8 = 6$

$$\boxed{} + \boxed{} = \boxed{}$$

$$\boxed{} + \boxed{} = \boxed{}$$

❹ $13 - 9 = 4$

$$\boxed{} + \boxed{} = \boxed{}$$

$$\boxed{} + \boxed{} = \boxed{}$$

❖ ☐ 안에 알맞은 수를 쓰세요.

❺ $\boxed{} - 7 = 9$

❻ $\boxed{} - 8 = 5$

❼ $12 - \boxed{} = 8$

❽ $13 - \boxed{} = 6$

❖ ☐ 안에 알맞은 수를 쓰세요.

⑨ ☐ + 8 = 15

⑩ ☐ + 7 = 13

⑪ ☐ + 3 = 12

⑫ ☐ + 5 = 13

❖ ☐ 안에 알맞은 수를 쓰세요.

⑬ 5 + ☐ = 14

⑭ 8 + ☐ = 12

⑮ 7 + ☐ = 13

⑯ 9 + ☐ = 11

❖ 주어진 숫자 4개를 ☐ 안에 한 개씩 넣어 식을 완성하세요.

⑰ 

☐ + ☐ = ☐☐

☐ + ☐ = ☐☐

⑱ 

☐☐ − ☐ = ☐

☐☐ − ☐ = ☐

관련 쪽수: 34~55쪽

❖ 덧셈을 하여 빈칸에 알맞은 수를 쓰세요.

❶ 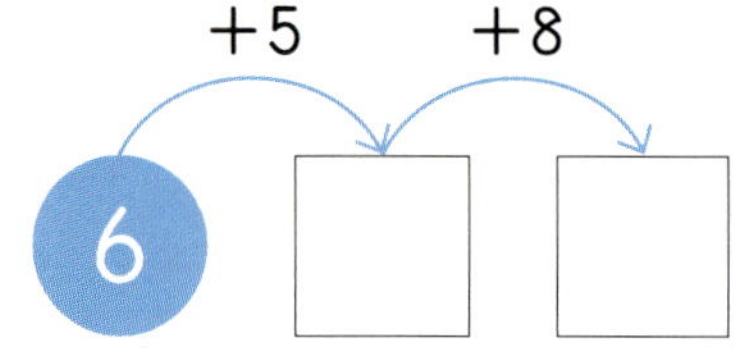

❷ 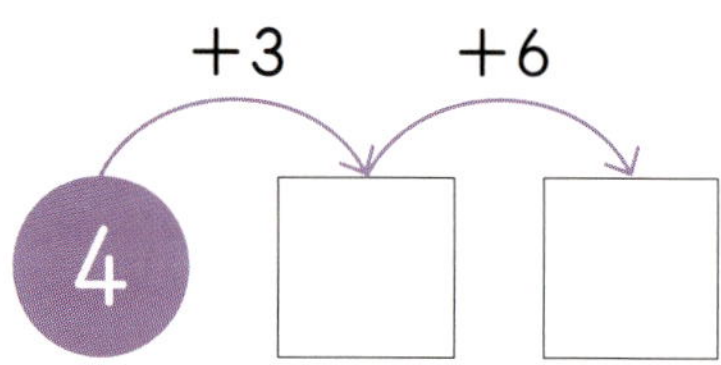

❖ 세 수의 덧셈을 하세요.

❸ $3 + 7 + 5 = \boxed{}$

❹ $8 + 1 + 4 = \boxed{}$

❺ $4 + 6 + 6 = \boxed{}$

❻ $9 + 2 + 7 = \boxed{}$

❼ $5 + 4 + 6 = \boxed{}$

❽ $5 + 3 + 4 = \boxed{}$

❾ $7 + 6 + 5 = \boxed{}$

❿ $8 + 3 + 1 = \boxed{}$

⓫ $2 + 4 + 8 = \boxed{}$

⓬ $6 + 7 + 4 = \boxed{}$

⓭ $4 + 3 + 5 = \boxed{}$

⓮ $7 + 5 + 7 = \boxed{}$

❖ 뺄셈을 하여 빈칸에 알맞은 수를 쓰세요.

⑮ 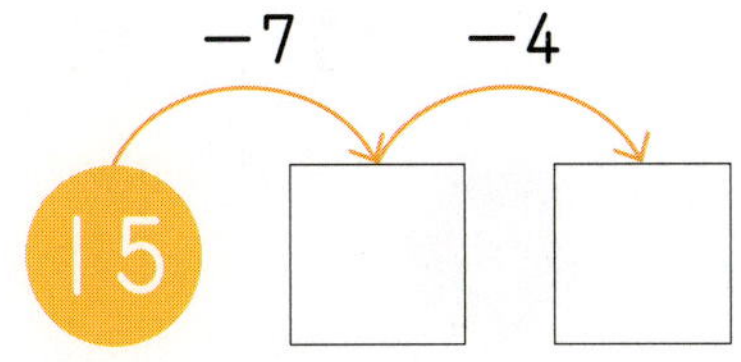

⑯ 

❖ 세 수의 뺄셈을 하세요.

⑰ 15 − 3 − 5 =

⑱ 16 − 6 − 9 =

⑲ 16 − 6 − 3 =

⑳ 13 − 2 − 5 =

㉑ 11 − 5 − 4 =

㉒ 18 − 4 − 5 =

㉓ 19 − 7 − 7 =

㉔ 12 − 7 − 2 =

㉕ 17 − 6 − 9 =

㉖ 14 − 3 − 3 =

㉗ 11 − 5 − 1 =

㉘ 18 − 4 − 8 =

세 수의 계산 (2)

❖ 덧셈과 뺄셈을 하여 빈칸에 알맞은 수를 쓰세요.

❶ 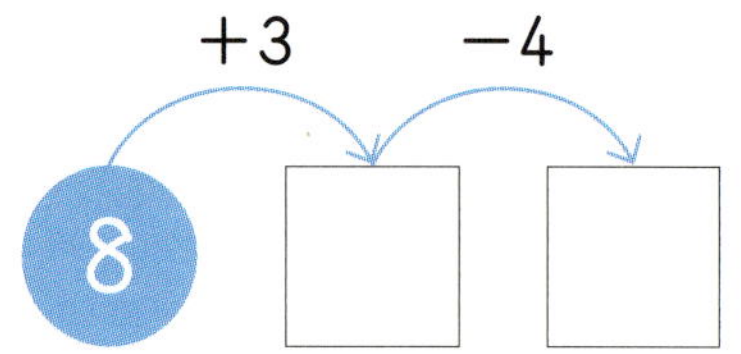

❷ 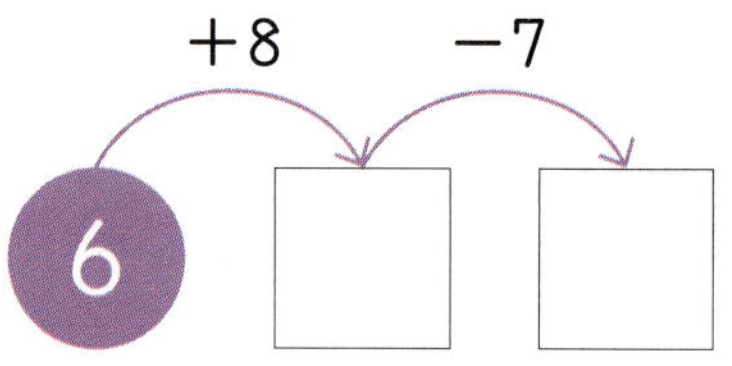

❖ 계산을 하세요.

❸ $7 + 9 - 7 =$

❹ $8 + 4 - 6 =$

❺ $9 + 3 - 7 =$

❻ $7 + 8 - 6 =$

❼ $8 + 5 - 9 =$

❽ $6 + 6 - 7 =$

❾ $5 + 9 - 7 =$

❿ $6 + 4 - 7 =$

⓫ $7 + 5 - 4 =$

⓬ $4 + 7 - 9 =$

⓭ $7 + 5 - 8 =$

⓮ $8 + 6 - 7 =$

❖ 뺄셈과 덧셈을 하여 빈칸에 알맞은 수를 쓰세요.

⑮ 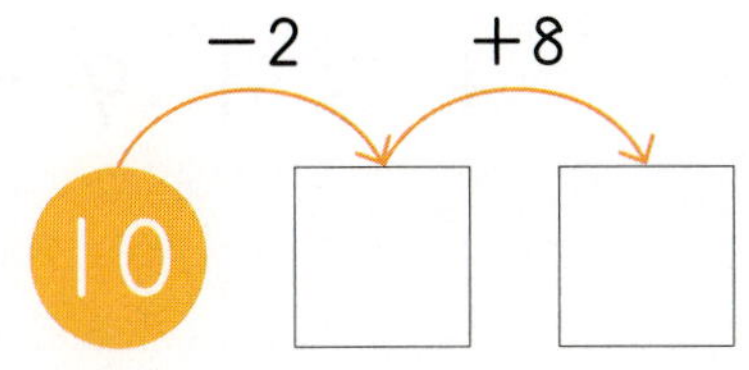

⑯ 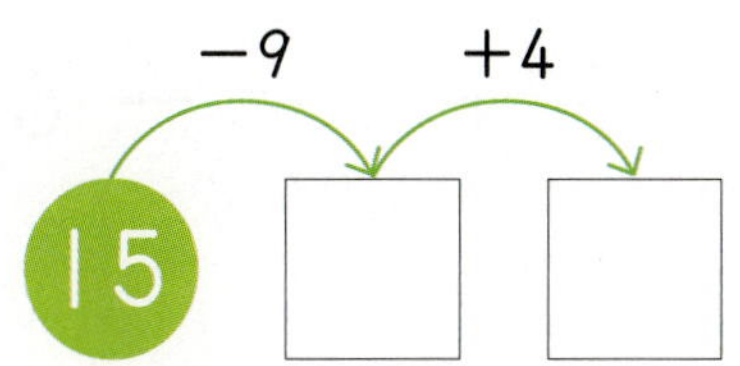

❖ 계산을 하세요.

⑰ $11 - 5 + 7 =$ ⬚

⑱ $15 - 8 + 9 =$ ⬚

⑲ $12 - 6 + 4 =$ ⬚

⑳ $16 - 8 + 9 =$ ⬚

㉑ $11 - 4 + 8 =$ ⬚

㉒ $15 - 7 + 6 =$ ⬚

㉓ $17 - 8 + 9 =$ ⬚

㉔ $11 - 2 + 8 =$ ⬚

㉕ $14 - 6 + 4 =$ ⬚

㉖ $14 - 8 + 5 =$ ⬚

㉗ $12 - 4 + 8 =$ ⬚

㉘ $14 - 7 + 6 =$ ⬚

□가 있는 세 수의 계산

❖ □ 안에 알맞은 수를 쓰세요.

① $8 + \square - 6 = 5$

② $\square + 3 + 9 = 16$

③ $14 - \square + 4 = 11$

④ $\square + 7 - 8 = 4$

⑤ $18 - \square - 3 = 9$

⑥ $\square - 2 - 7 = 7$

⑦ $5 + \square - 6 = 7$

⑧ $\square + 6 - 9 = 6$

⑨ $12 - \square - 1 = 6$

⑩ $\square + 6 - 8 = 7$

❖ ○ 안에 + 또는 −를 쓰세요.

⑪ $13 \bigcirc 6 \bigcirc 5 = 12$

⑫ $17 \bigcirc 5 \bigcirc 6 = 6$

⑬ $6 \bigcirc 8 \bigcirc 7 = 7$

⑭ $4 \bigcirc 7 \bigcirc 5 = 16$

6 7

281 덧셈식과 뺄셈식 만들기

큐리와 태돌이가 공깃돌로 덧셈과 뺄셈의 관계를 알아보고 있어요.

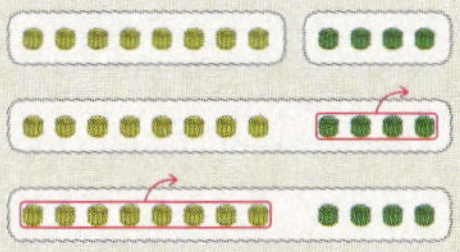

$8 + 4 = 12$

$12 - \boxed{4} = \boxed{8}$

$12 - \boxed{8} = \boxed{4}$

덧셈과 뺄셈은 관계가 있어.

덧셈식으로 뺄셈식 2개를 만들었어.

🍀 그림을 보고 □ 안에 알맞은 수를 쓰세요.

❶ $3 + 8 = 11$

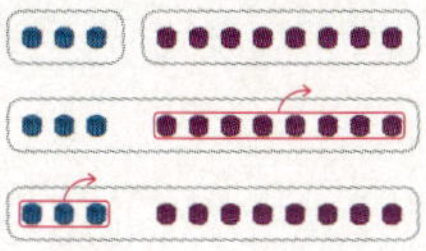

$11 - \boxed{8} = \boxed{3}$

$11 - \boxed{3} = \boxed{8}$

❷ $7 + 6 = 13$

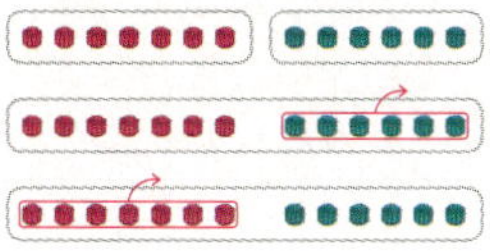

$13 - \boxed{6} = \boxed{7}$

$13 - \boxed{7} = \boxed{6}$

🍀 덧셈식을 보고 뺄셈식 2개를 만드세요.

$9 + 4 = 13$

$13 - \boxed{4} = \boxed{9}$

$13 - \boxed{9} = \boxed{4}$

덧셈식에 사용된 세 수 9, 4, 13으로 뺄셈식 2개를 만들 수 있어.

❶ $7 + 8 = 15$

$15 - \boxed{8} = \boxed{7}$

$15 - \boxed{7} = \boxed{8}$

❷ $5 + 9 = 14$

$14 - \boxed{9} = \boxed{5}$

$14 - \boxed{5} = \boxed{9}$

❸ $9 + 3 = 12$

$12 - \boxed{3} = \boxed{9}$

$12 - \boxed{9} = \boxed{3}$

❹ $8 + 6 = 14$

$14 - \boxed{6} = \boxed{8}$

$14 - \boxed{8} = \boxed{6}$

8 9

태돌이와 티나가 구슬로 뺄셈과 덧셈의 관계를 알아보고 있어요.

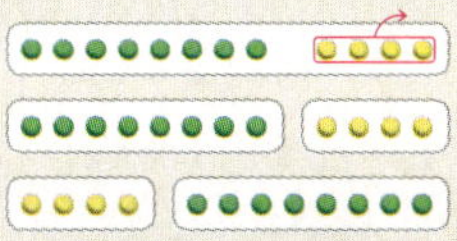

$12 - 4 = 8$

$8 + \boxed{4} = \boxed{12}$

$4 + \boxed{8} = \boxed{12}$

뺄셈식으로 덧셈식을 만들 수 있네.

뺄셈식으로 덧셈식 2개를 만들었어.

🍀 그림을 보고 □ 안에 알맞은 수를 쓰세요.

❶ $14 - 6 = 8$

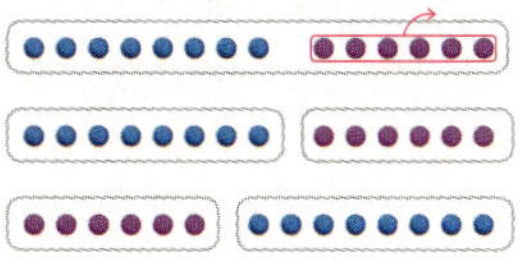

$8 + \boxed{6} = \boxed{14}$

$6 + \boxed{8} = \boxed{14}$

❷ $11 - 5 = 6$

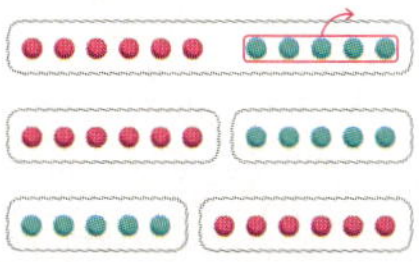

$6 + \boxed{5} = \boxed{11}$

$5 + \boxed{6} = \boxed{11}$

🍀 뺄셈식을 보고 덧셈식 2개를 만드세요.

$13 - 4 = 9$

$9 + \boxed{4} = \boxed{13}$

$4 + \boxed{9} = \boxed{13}$

뺄셈식에 사용된 세 수 13, 4, 9로 덧셈식 2개를 만들 수 있어.

❶ $14 - 9 = 5$

$5 + \boxed{9} = \boxed{14}$

$9 + \boxed{5} = \boxed{14}$

❷ $11 - 7 = 4$

$4 + \boxed{7} = \boxed{11}$

$7 + \boxed{4} = \boxed{11}$

❸ $15 - 8 = 7$

$7 + \boxed{8} = \boxed{15}$

$8 + \boxed{7} = \boxed{15}$

❹ $13 - 5 = 8$

$8 + \boxed{5} = \boxed{13}$

$5 + \boxed{8} = \boxed{13}$

공부한 날
월
일

282 덧셈식과 뺄셈식

10·11

큐리는 초콜릿을 2부분으로 나누었어요.

$8 + 5 = \boxed{13}$ $13 - 5 = \boxed{8}$
$5 + 8 = \boxed{13}$ $13 - 8 = \boxed{5}$

🌱 그림을 보고 덧셈과 뺄셈을 하세요.

❶
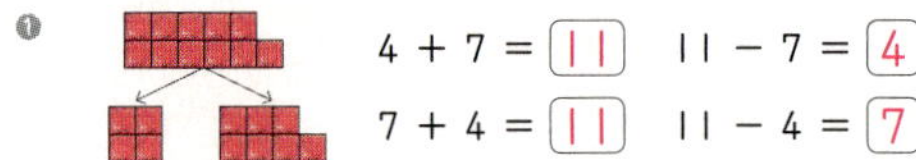
$4 + 7 = \boxed{11}$ $11 - 7 = \boxed{4}$
$7 + 4 = \boxed{11}$ $11 - 4 = \boxed{7}$

❷
$5 + 9 = \boxed{14}$ $14 - 9 = \boxed{5}$
$9 + 5 = \boxed{14}$ $14 - 5 = \boxed{9}$

❸
$9 + 3 = \boxed{12}$ $12 - 3 = \boxed{9}$
$3 + 9 = \boxed{12}$ $12 - 9 = \boxed{3}$

10 연산 C3

🌱 덧셈과 뺄셈을 하세요.

$5 + 6 = \boxed{11}$ $11 - 6 = \boxed{5}$
$6 + 5 = \boxed{11}$ $11 - 5 = \boxed{6}$

❶
$7 + 5 = \boxed{12}$ $12 - 5 = \boxed{7}$
$5 + 7 = \boxed{12}$ $12 - 7 = \boxed{5}$

❷
$8 + 9 = \boxed{17}$ $17 - 9 = \boxed{8}$
$9 + 8 = \boxed{17}$ $17 - 8 = \boxed{9}$

❸
$6 + 7 = \boxed{13}$ $13 - 7 = \boxed{6}$
$7 + 6 = \boxed{13}$ $13 - 6 = \boxed{7}$

❹
$4 + 8 = \boxed{12}$ $12 - 8 = \boxed{4}$
$8 + 4 = \boxed{12}$ $12 - 4 = \boxed{8}$

덧셈과 뺄셈의 관계 11

12·13

태돌이와 현우가 수 가르기를 하고 덧셈과 뺄셈을 하고 있어요.

14 → 8, 6
$8 + 6 = \boxed{14}$ $14 - 6 = \boxed{8}$
$6 + 8 = \boxed{14}$ $14 - 8 = \boxed{6}$

🌱 두 수로 갈랐어요. 덧셈과 뺄셈을 하세요.

❶
11 → 7, 4
$4 + 7 = \boxed{11}$ $11 - 7 = \boxed{4}$
$7 + 4 = \boxed{11}$ $11 - 4 = \boxed{7}$

❷
16 → 9, 7
$9 + 7 = \boxed{16}$ $16 - 7 = \boxed{9}$
$7 + 9 = \boxed{16}$ $16 - 9 = \boxed{7}$

❸
12 → 4, 8
$4 + 8 = \boxed{12}$ $12 - 8 = \boxed{4}$
$8 + 4 = \boxed{12}$ $12 - 4 = \boxed{8}$

12 연산 C3

🌱 덧셈과 뺄셈을 하세요.

$9 + 4 = \boxed{13}$ $13 - 4 = \boxed{9}$
$4 + 9 = \boxed{13}$ $13 - 9 = \boxed{4}$

❶
$8 + 7 = \boxed{15}$ $15 - 7 = \boxed{8}$
$7 + 8 = \boxed{15}$ $15 - 8 = \boxed{7}$

❷
$5 + 8 = \boxed{13}$ $13 - 8 = \boxed{5}$
$8 + 5 = \boxed{13}$ $13 - 5 = \boxed{8}$

❸
$6 + 9 = \boxed{15}$ $15 - 9 = \boxed{6}$
$9 + 6 = \boxed{15}$ $15 - 6 = \boxed{9}$

❹
$7 + 6 = \boxed{13}$ $13 - 6 = \boxed{7}$
$6 + 7 = \boxed{13}$ $13 - 7 = \boxed{6}$

공부한 날
월
일

덧셈과 뺄셈의 관계 13

283 덧셈을 이용한 □가 있는 뺄셈

덧셈과 뺄셈 기차가 반대 방향으로 달려가고 있어요.

🌱 □ 안에 알맞은 수를 쓰세요.

🌱 □ 안에 알맞은 수를 쓰세요.

$$8 + 3 = \boxed{11}$$
$$\boxed{11} - 3 = 8$$

① $9 + 3 = \boxed{12}$
$\boxed{12} - 3 = 9$

② $8 + 5 = \boxed{13}$
$\boxed{13} - 5 = 8$

③ $8 + 9 = \boxed{17}$
$\boxed{17} - 9 = 8$

④ $4 + 7 = \boxed{11}$
$\boxed{11} - 7 = 4$

⑤ $6 + 8 = \boxed{14}$
$\boxed{14} - 8 = 6$

⑥ $6 + 6 = \boxed{12}$
$\boxed{12} - 6 = 6$

⑦ $9 + 7 = \boxed{16}$
$\boxed{16} - 7 = 9$

⑧ $9 + 4 = \boxed{13}$
$\boxed{13} - 4 = 9$

태돌이와 티나가 □가 있는 뺄셈을 하고 있어요.

🌱 □ 안에 알맞은 수를 쓰세요.

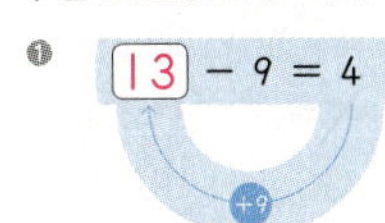

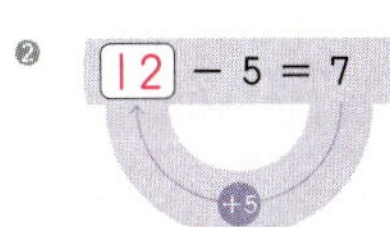

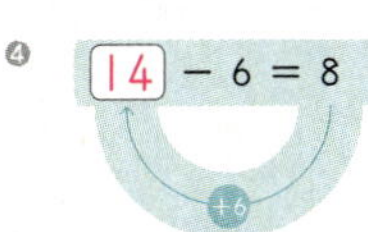

🌱 □ 안에 알맞은 수를 쓰세요.

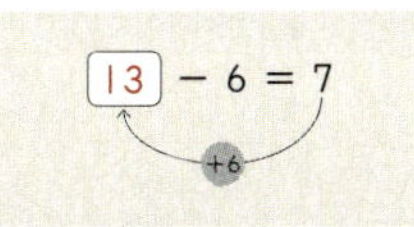

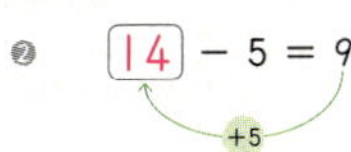

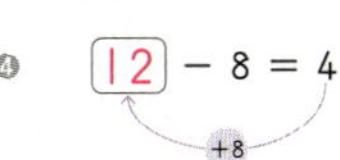

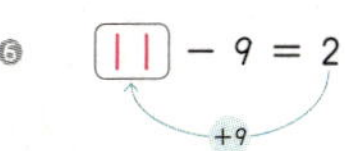

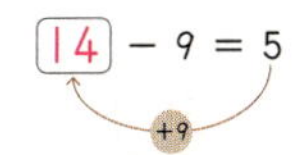

18 · 19

284 뺄셈을 이용한 □가 있는 뺄셈

태돌이는 큰 막대의 길이와 같게 되도록 작은 막대 2개를 붙였어요.

🌱 □ 안에 알맞은 수를 쓰세요.

❶ (12 / 8 / 4)
$12 - 4 = 8$
$12 - 8 = 4$

❷ (15 / 6 / 9)
$15 - 9 = 6$
$15 - 6 = 9$

❸ (14 / 7 / 7)
$14 - 7 = 7$
$14 - 7 = 7$

🌱 □ 안에 알맞은 수를 쓰세요.

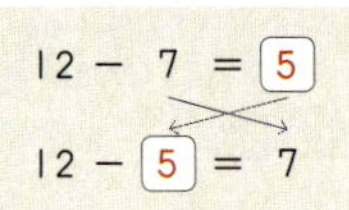
$12 - 7 = 5$
$12 - 5 = 7$

❶ $11 - 5 = 6$
　$11 - 6 = 5$

❷ $13 - 9 = 4$
　$13 - 4 = 9$

❸ $16 - 8 = 8$
　$16 - 8 = 8$

❹ $13 - 8 = 5$
　$13 - 5 = 8$

❺ $13 - 6 = 7$
　$13 - 7 = 6$

❻ $14 - 6 = 8$
　$14 - 8 = 6$

---

20 · 21

큐리와 현우가 □가 있는 뺄셈을 하고 있어요.

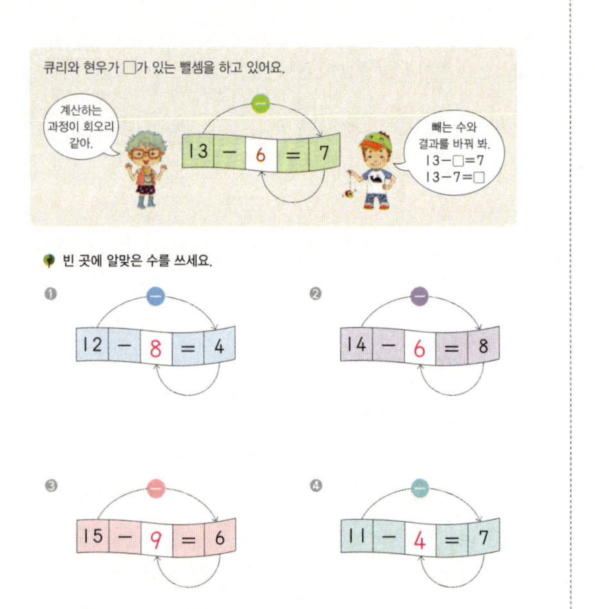

🌱 빈 곳에 알맞은 수를 쓰세요.

❶ $12 - 8 = 4$
❷ $14 - 6 = 8$
❸ $15 - 9 = 6$
❹ $11 - 4 = 7$

🌱 □ 안에 알맞은 수를 쓰세요.

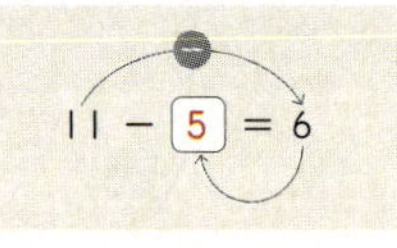
$11 - 5 = 6$

❶ $15 - 7 = 8$
❷ $12 - 6 = 6$
❸ $11 - 3 = 8$
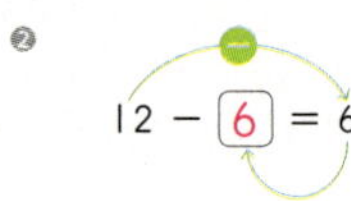
❹ $13 - 8 = 5$
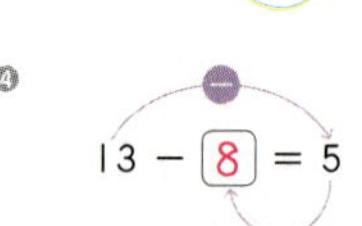
❺ $16 - 9 = 7$
❻ $12 - 4 = 8$
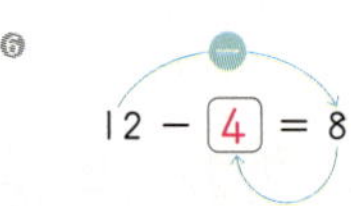
❼ $13 - 5 = 8$
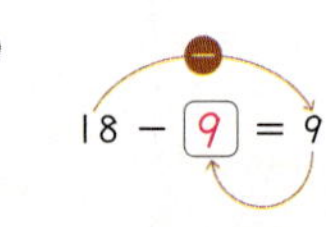
❽ $18 - 9 = 9$

285 뺄셈을 이용한 □가 있는 덧셈

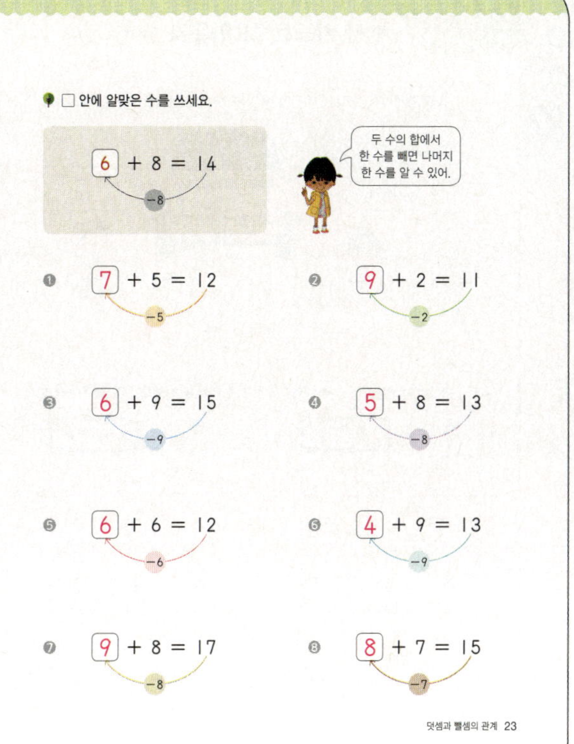

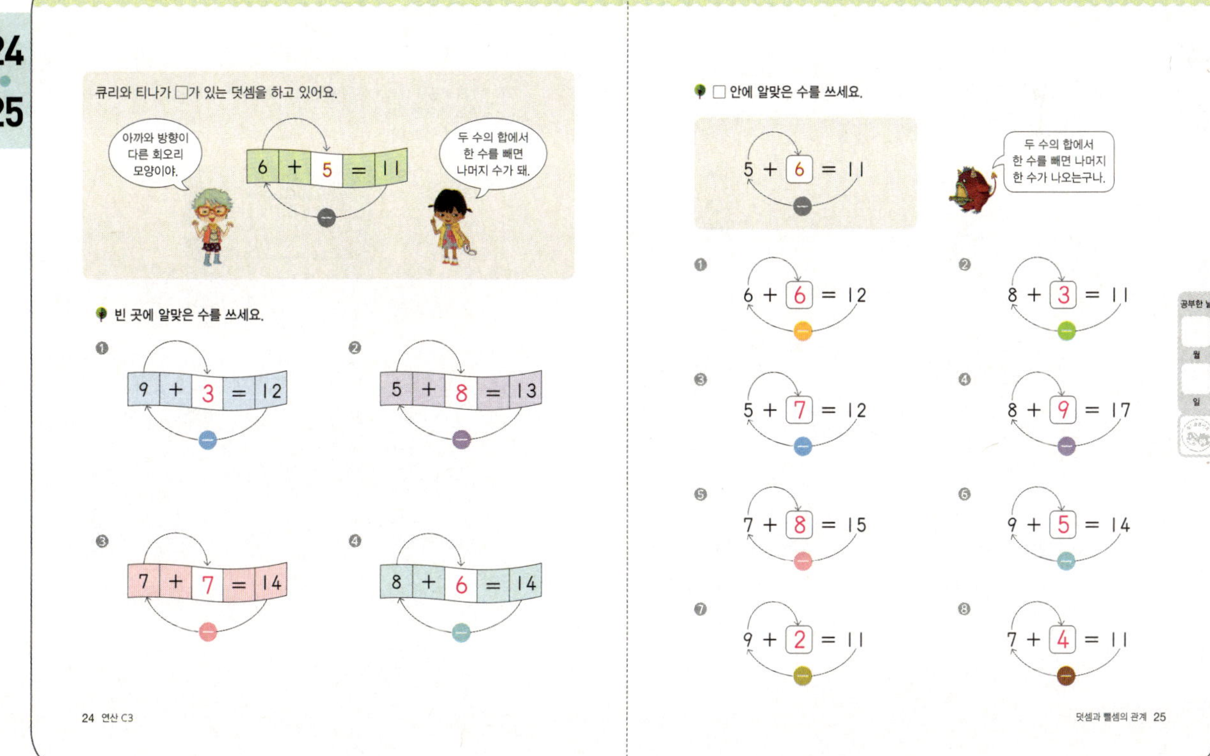

공부한 날
월
일

286 숫자 카드로 식 만들기

티나와 태돌이가 자동차 번호판에 써 있는 숫자로 덧셈식을 만들고 있어요.

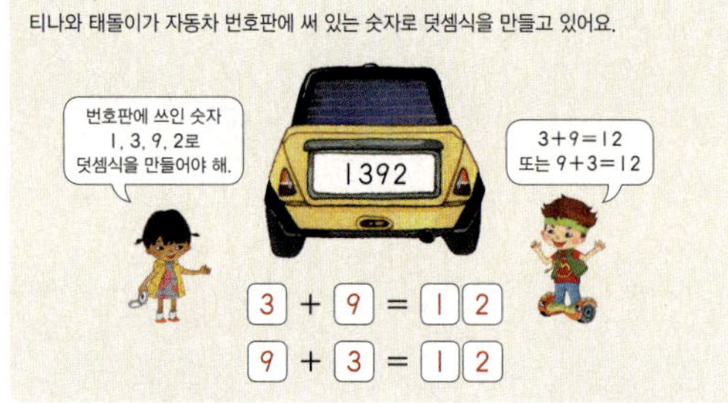

$3 + 9 = 12$
$9 + 3 = 12$

● 자동차 번호판의 숫자 4개를 □ 안에 한 개씩 넣어 덧셈식 2개를 완성하세요.

① 8175
$7 + 8 = 15$
$8 + 7 = 15$

② 6418
$6 + 8 = 14$
$8 + 6 = 14$

③ 7251
$5 + 7 = 12$
$7 + 5 = 12$

④ 6173
$6 + 7 = 13$
$7 + 6 = 13$

● 주어진 숫자 4개를 □ 안에 한 개씩 넣어 뺄셈식 2개를 완성하세요.

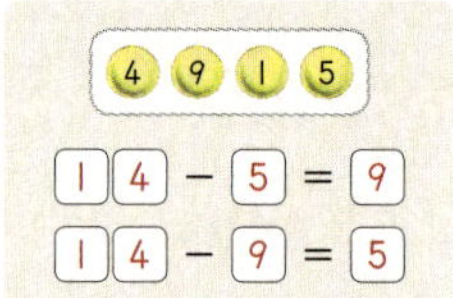

$14 - 5 = 9$
$14 - 9 = 5$

① 1 9 6 7
$16 - 7 = 9$
$16 - 9 = 7$

② 8 3 5 1
$13 - 5 = 8$
$13 - 8 = 5$

③ 1 4 8 2
$12 - 4 = 8$
$12 - 8 = 4$

④ 6 1 7 3
$13 - 6 = 7$
$13 - 7 = 6$

현우는 숫자와 기호를 이용하여 식을 만들었어요.

$13 - 5 = 8$
$13 - 8 = 5$

● 주어진 숫자와 기호를 □ 안에 한 개씩 넣어 식을 완성하세요.

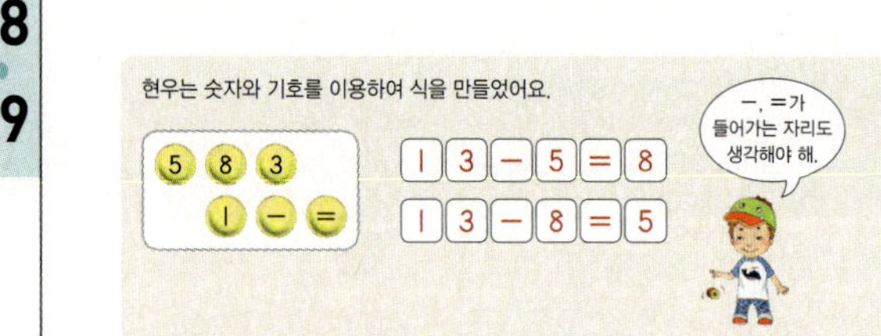

① + 1 7 / 3 6 =
$6 + 7 = 13$
$7 + 6 = 13$

② 4 - 1 / = 6 8
$14 - 6 = 8$
$14 - 8 = 6$

③ 9 1 = / 1 - 2
$11 - 2 = 9$
$11 - 9 = 2$

④ = 8 + / 7 1 9
$8 + 9 = 17$
$9 + 8 = 17$

● 색칠된 버튼을 눌러 식을 만들었어요. 버튼을 누른 순서에 맞게 □ 안에 알맞은 숫자 또는 기호를 쓰세요.

$7 + 9 = 16$
또는 $9 + 7 = 16$

$12 - 3 = 9$
또는 $12 - 9 = 3$

무엇을 배웠을까요

♠ 덧셈과 뺄셈을 하세요.

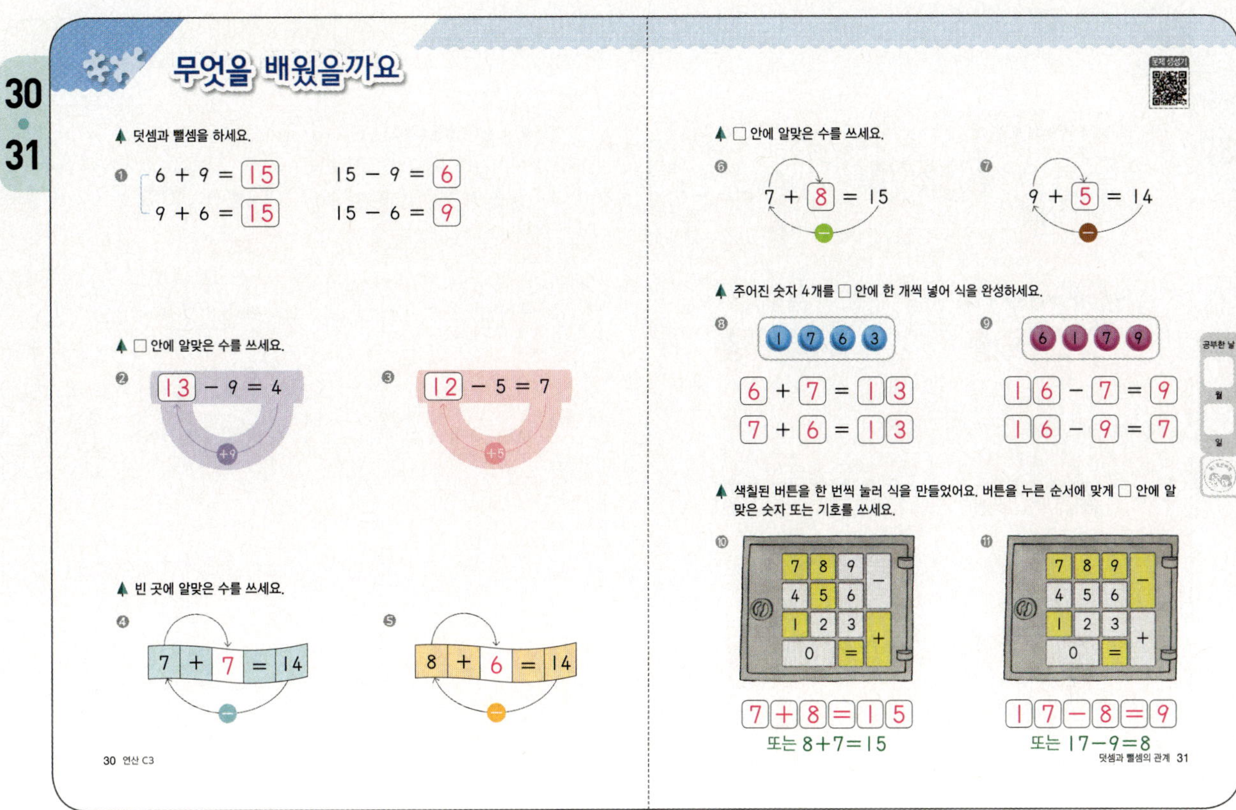

287 더하고 더하기

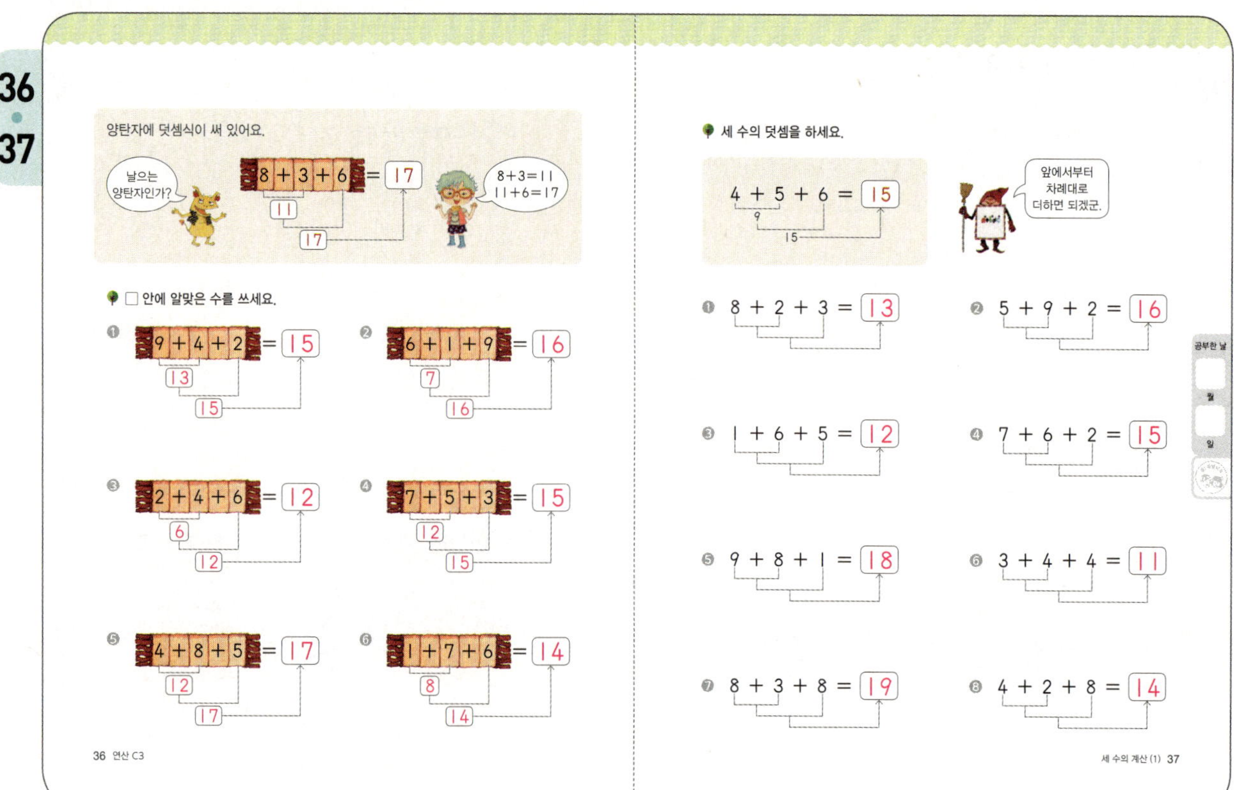

36
37
양탄자에 덧셈식이 써 있어요.
날으는 양탄자인가?
8 + 3 + 6 = 17
11
17
8+3=11
11+6=17
□ 안에 알맞은 수를 쓰세요.
① 9 + 4 + 2 = 15
13
15
② 6 + 1 + 9 = 16
7
16
③ 2 + 4 + 6 = 12
6
12
④ 7 + 5 + 3 = 15
12
15
⑤ 4 + 8 + 5 = 17
12
17
⑥ 1 + 7 + 6 = 14
8
14
36 연산 C3
세 수의 덧셈을 하세요.
4 + 5 + 6 = 15
9
15
앞에서부터 차례대로 더하면 되겠군.
① 8 + 2 + 3 = 13
② 5 + 9 + 2 = 16
③ 1 + 6 + 5 = 12
④ 7 + 6 + 2 = 15
⑤ 9 + 8 + 1 = 18
⑥ 3 + 4 + 4 = 11
⑦ 8 + 3 + 8 = 19
⑧ 4 + 2 + 8 = 14
공부한 날
월
일
세 수의 계산 (1) 37

38
39
288 세 수의 덧셈
새가 집을 찾아가고 있어요.
14 6+3+5
15 9+2+4
11 4+1+6
2+6+7 15
5+1+8 14
6+3+2 11
덧셈 결과가 같은 것을 찾아야 해.
세 수의 덧셈 결과가 같은 것끼리 선으로 이으세요.
①
12 5+4+3
13 5+1+7
11 2+6+3
8+1+4 13
4+2+5 11
3+6+3 12
②
13 7+2+4
15 1+8+6
18 5+5+8
9+1+8 18
8+4+1 13
6+7+2 15
38 연산 C3
세 수의 덧셈을 하세요.
7 + 1 + 6 = 14
8
14
앞에서부터 차례대로 더하면 돼.
7+1=8
8+6=14
① 3 + 6 + 5 = 14
② 8 + 1 + 7 = 16
③ 5 + 8 + 6 = 19
④ 4 + 3 + 4 = 11
⑤ 7 + 6 + 5 = 18
⑥ 8 + 3 + 1 = 12
⑦ 2 + 4 + 7 = 13
⑧ 6 + 7 + 4 = 17
⑨ 4 + 9 + 5 = 18
⑩ 7 + 1 + 6 = 14
세 수의 계산 (1) 39

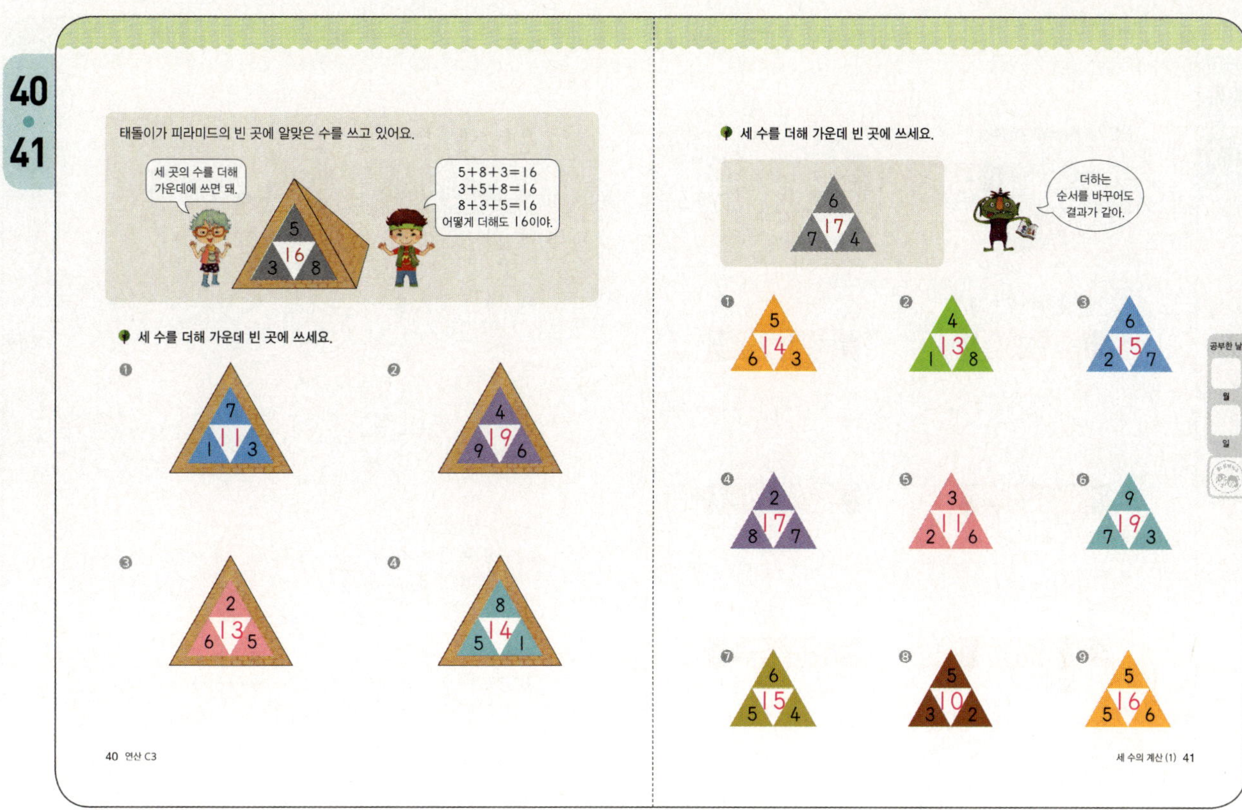
태돌이가 피라미드의 빈 곳에 알맞은 수를 쓰고 있어요.
세 곳의 수를 더해 가운데에 쓰면 돼.
5+8+3=16
3+5+8=16
8+3+5=16
어떻게 더해도 16이야.
세 수를 더해 가운데 빈 곳에 쓰세요.
세 수를 더해 가운데 빈 곳에 쓰세요.
더하는 순서를 바꾸어도 결과가 같아.
공부한 날
월
일

289 빼고 빼기

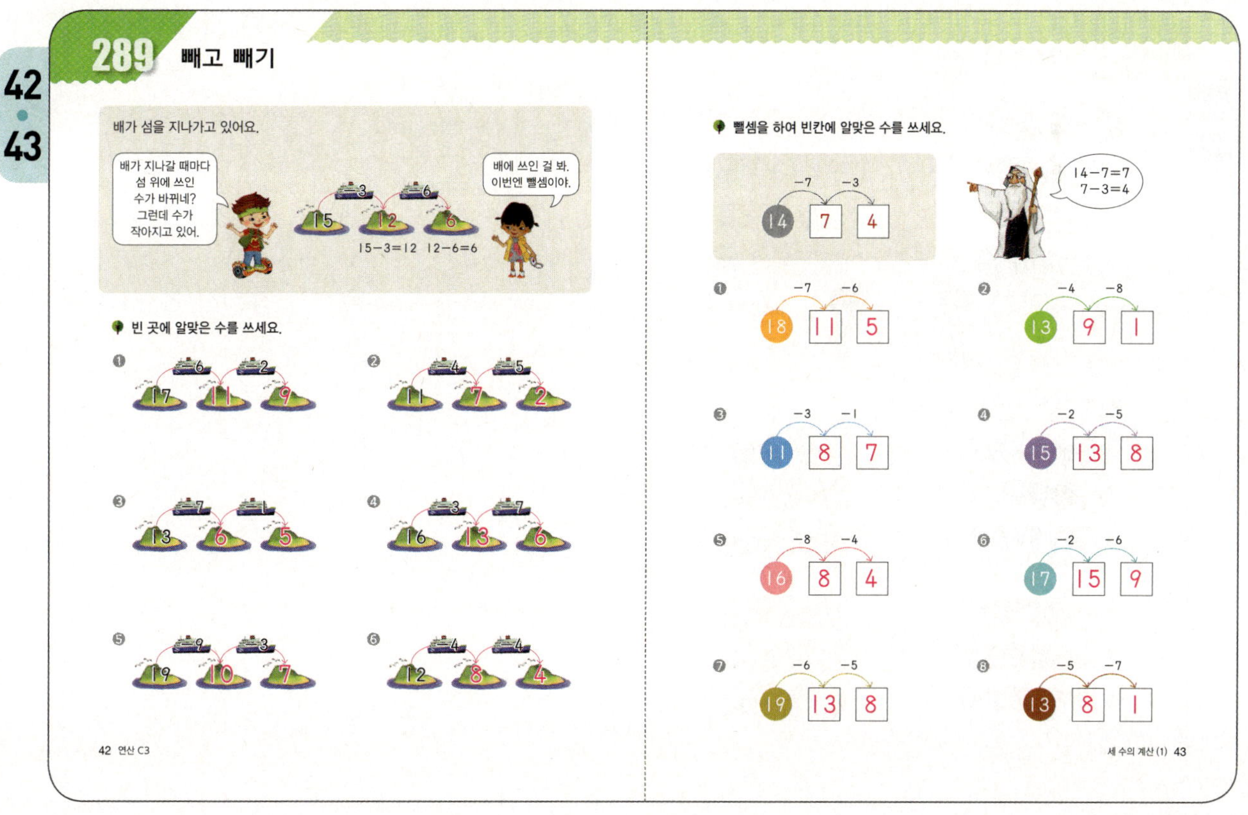
배가 섬을 지나가고 있어요.
배가 지나갈 때마다 섬 위에 쓰인 수가 바뀌네? 그런데 수가 작아지고 있어.
배에 쓰인 걸 봐. 이번엔 뺄셈이야.
15-3=12 12-6=6
빈 곳에 알맞은 수를 쓰세요.
뺄셈을 하여 빈칸에 알맞은 수를 쓰세요.
14-7=7
7-3=4

44·45

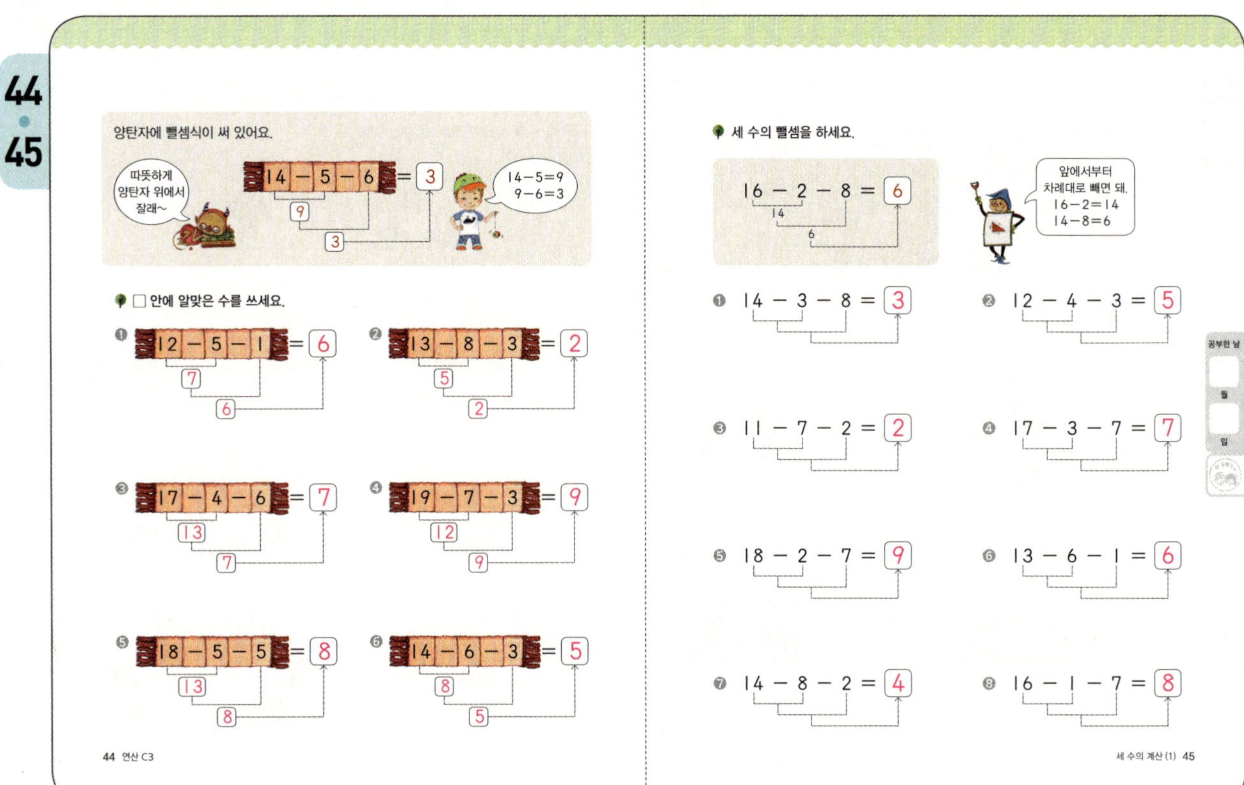

44 연산 C3

세 수의 계산 (1) 45

46·47

290 세 수의 뺄셈

46 연산 C3

세 수의 계산 (1) 47

티나가 피라미드의 빈 곳에 알맞은 수를 쓰고 있어요.
가장 큰 수에서 작은 두 수를 뺀 결과를 가운데에 쓰면 돼.
14-3-7=4
14-7-3=4
14
4
3 7
가장 큰 수에서 작은 두 수를 뺀 결과를 가운데 빈 곳에 쓰세요.
❶ 13 / 1 7 5
❷ 16 / 8 2 6
❸ 15 / 7 5 3
❹ 18 / 2 7 9
가장 큰 수에서 작은 두 수를 뺀 결과를 가운데 빈 곳에 쓰세요.
15-6-3=6
15-3-6=6
15 / 6 3
❶ 12 / 6 3 3
❷ 19 / 2 9 8
❸ 16 / 8 7 1
❹ 15 / 4 5 6
❺ 11 / 4 2 5
❻ 13 / 9 3 1
❼ 17 / 3 9 5
❽ 12 / 5 5 2
❾ 18 / 7 7 4
공부한 날
월
일
48 연산 C3
세 수의 계산 (1) 49

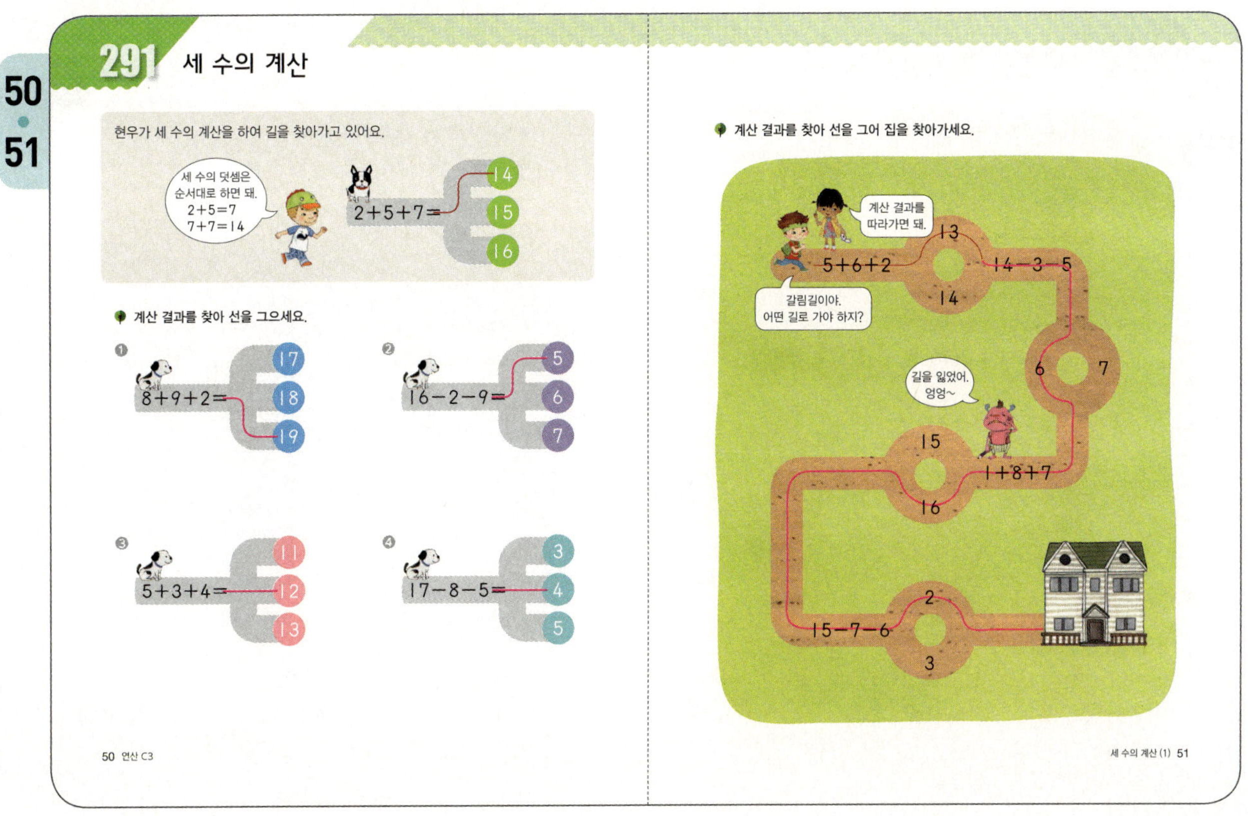

291 세 수의 계산
현우가 세 수의 계산을 하여 길을 찾아가고 있어요.
세 수의 덧셈은 순서대로 하면 돼.
2+5=7
7+7=14
2+5+7=
14
15
16
계산 결과를 찾아 선을 그으세요.
❶ 8+9+2=
17
18
19
❷ 16-2-9=
5
6
7
❸ 5+3+4=
11
12
13
❹ 17-8-5=
3
4
5
계산 결과를 찾아 선을 그어 집을 찾아가세요.
계산 결과를 따라가면 돼.
갈림길이야. 어떤 길로 가야 하지?
길을 잃었어. 엉엉~
5+6+2
13
14
14-3-5
6   7
15
16
1+8+7
15-7-6
2
3
50 연산 C3
세 수의 계산 (1) 51

52 · 53

아이들이 사다리 타기를 하고 있어요.

🌳 사다리 타기를 하면서 덧셈과 뺄셈을 하여 □ 안에 알맞은 수를 쓰세요.

① 6 5 4 / +1 / +7 / +5 → 16 11 14
4+7+5 5+1+5 6+1+7

② 12 15 13 / −3 / −5 / −6 → 2 6 4
15−3−6 / 13−5−6 12−3−5

③ 9 7 6 / +2 / +4 / +7 → 12 18 18
6+4+2 7+4+7 9+2+7

④ 16 18 14 / −8 / −4 / −5 → 2 9 3
18−4−5 / 14−4−8 16−8−5

🌳 세 수의 덧셈과 뺄셈을 하세요.

$$14 - 3 - 8 = \boxed{3}$$
11
3

① $6 + 1 + 7 = \boxed{14}$ **②** $14 - 6 - 3 = \boxed{5}$

③ $8 + 4 + 3 = \boxed{15}$ **④** $18 - 5 - 4 = \boxed{9}$

⑤ $7 + 8 + 3 = \boxed{18}$ **⑥** $11 - 3 - 5 = \boxed{3}$

⑦ $1 + 5 + 7 = \boxed{13}$ **⑧** $15 - 1 - 7 = \boxed{7}$

⑨ $5 + 2 + 6 = \boxed{13}$ **⑩** $17 - 5 - 8 = \boxed{4}$

54 · 55

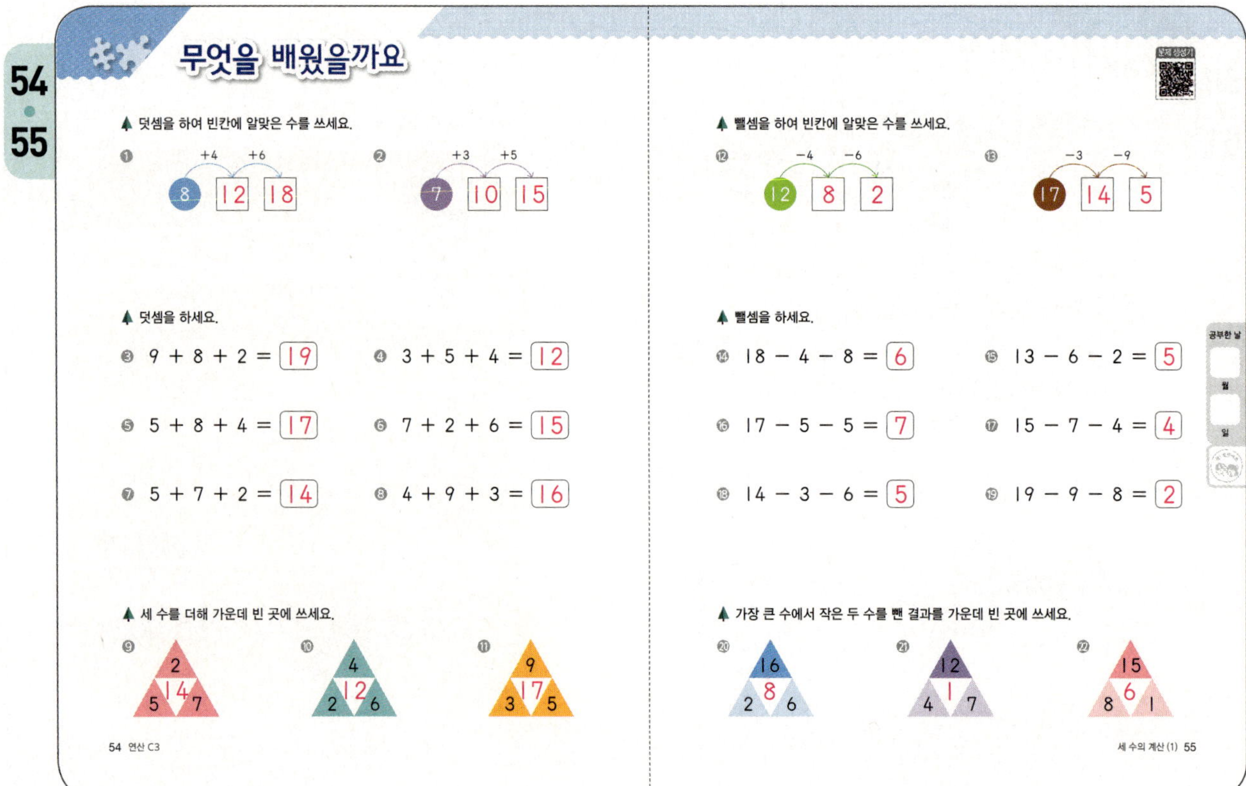

292 더하고 빼기

큐리가 접시를 정리하고 있어요.
접시가 5개 있었는데 8개를 더 쌓았어.
접시 4개를 깨뜨려서 9개가 남았어.
+8   −4
5   13   9
5 + 8 = 13
13 − 4 = 9

덧셈과 뺄셈을 하여 빈 곳에 알맞은 수를 쓰세요.
➊ +9 −6
4 13 7
4 + 9 = 13
13 − 6 = 7
➋ +8 −5
3 11 6
3 + 8 = 11
11 − 5 = 6
➌ +7 −4
5 12 8
5 + 7 = 12
12 − 4 = 8
➍ +9 −7
7 16 9
7 + 9 = 16
16 − 7 = 9

덧셈과 뺄셈을 하여 빈칸에 알맞은 수를 쓰세요.
+6 −4
6 12 8
6+6=12
12−4=8
➊ +4 −8
7 11 3
➋ +5 −7
9 14 7
➌ +8 −9
5 13 4
➍ +8 −9
8 16 7
➎ +3 −4
9 12 8
➏ +7 −6
6 13 7
➐ +9 −7
4 13 6
➑ +4 −2
7 11 9

태돌이가 블록으로 세 수의 계산을 하고 있어요.
9 + 3 = 5 = 7
12
7
9+3을 계산한 다음 그 결과인 12에서 5를 빼면 7

덧셈과 뺄셈을 하여 빈 곳에 알맞은 수를 쓰세요.
➊ 6 + 9 − 7 = 8
15
8
➋ 7 + 4 − 5 = 6
11
6
➌ 5 + 9 − 8 = 6
14
6
➍ 9 + 3 − 7 = 5
12
5

계산을 하세요.
5 + 7 − 3 = 9
12
9
앞에서부터 차례대로 계산하면
5+7=12
12−3=9
➊ 6 + 9 − 7 = 8
➋ 8 + 3 − 6 = 5
➌ 9 + 5 − 7 = 7
➍ 7 + 8 − 6 = 9
➎ 8 + 4 − 9 = 3
➏ 5 + 6 − 7 = 4
➐ 5 + 9 − 8 = 6
➑ 6 + 7 − 5 = 8
➒ 8 + 5 − 4 = 9
➓ 4 + 7 − 8 = 3
공부한 날
월
일

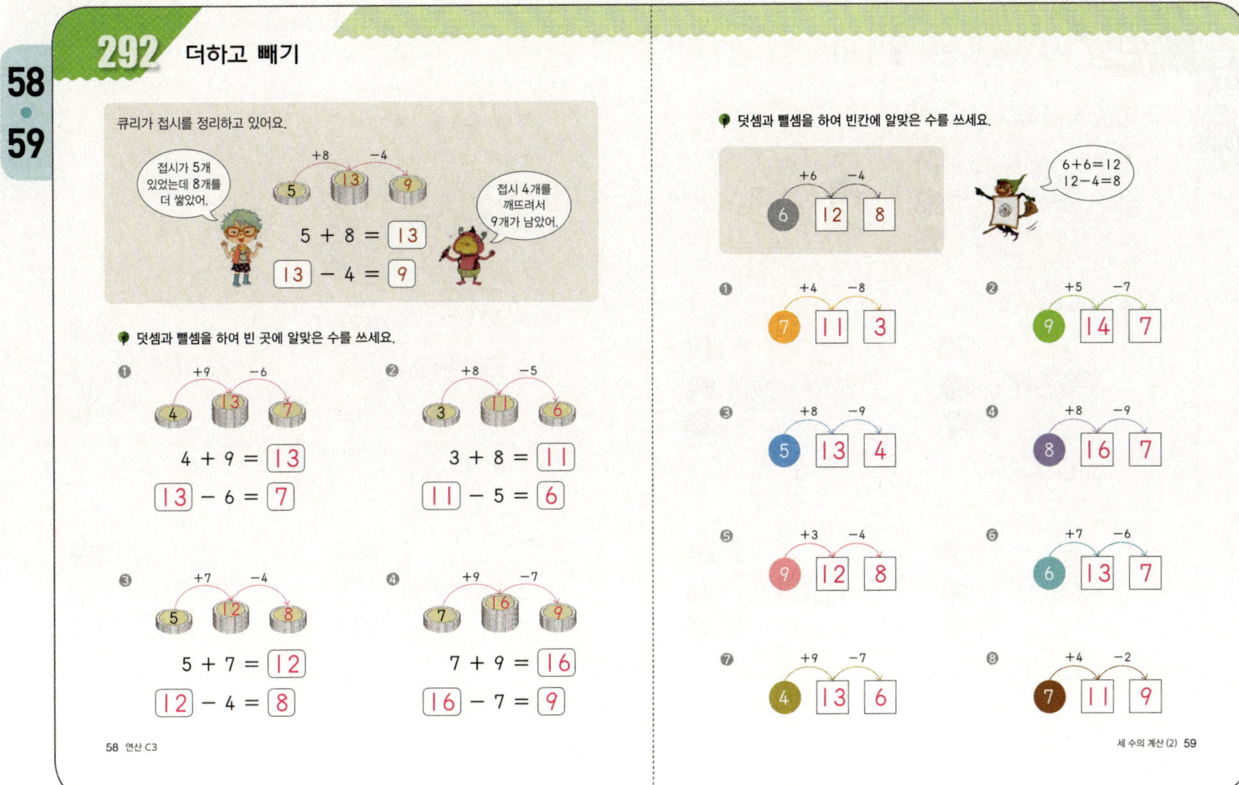

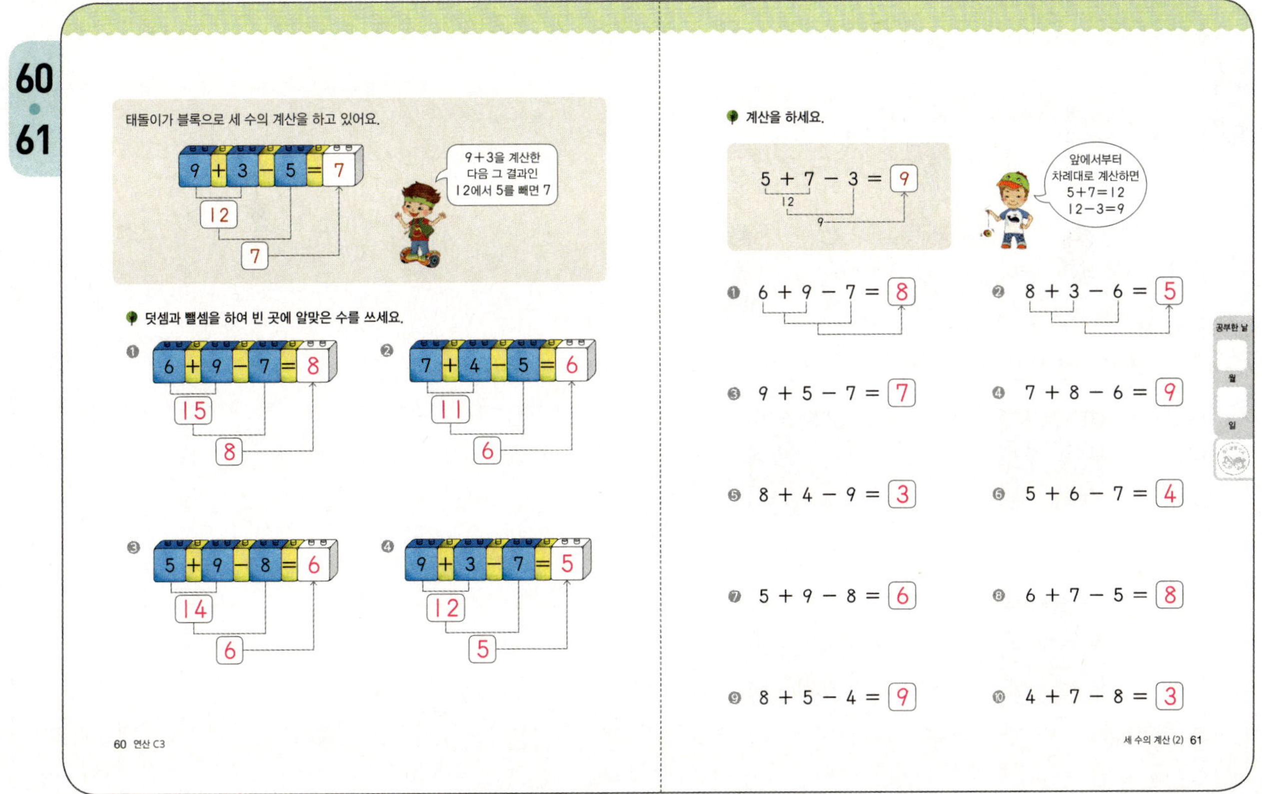

62 · 63

293 세 수의 덧셈과 뺄셈 (1)

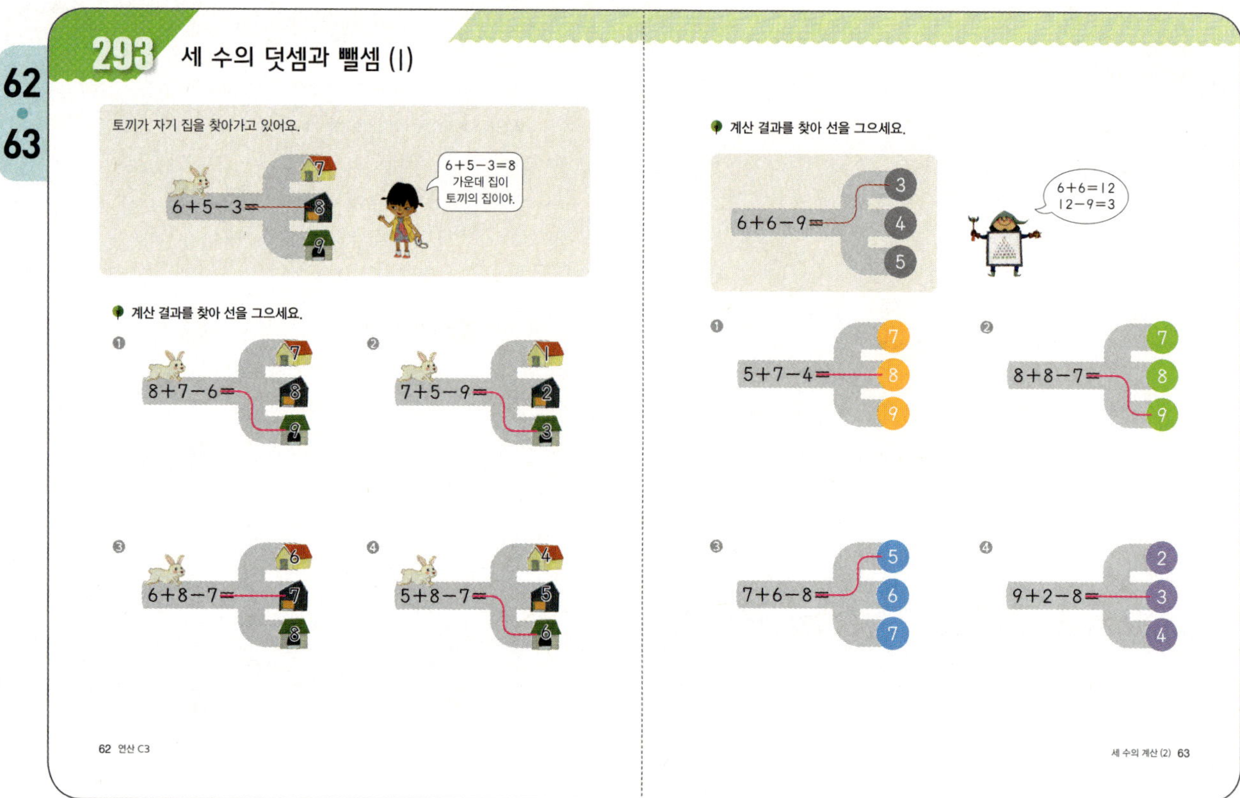

64 · 65

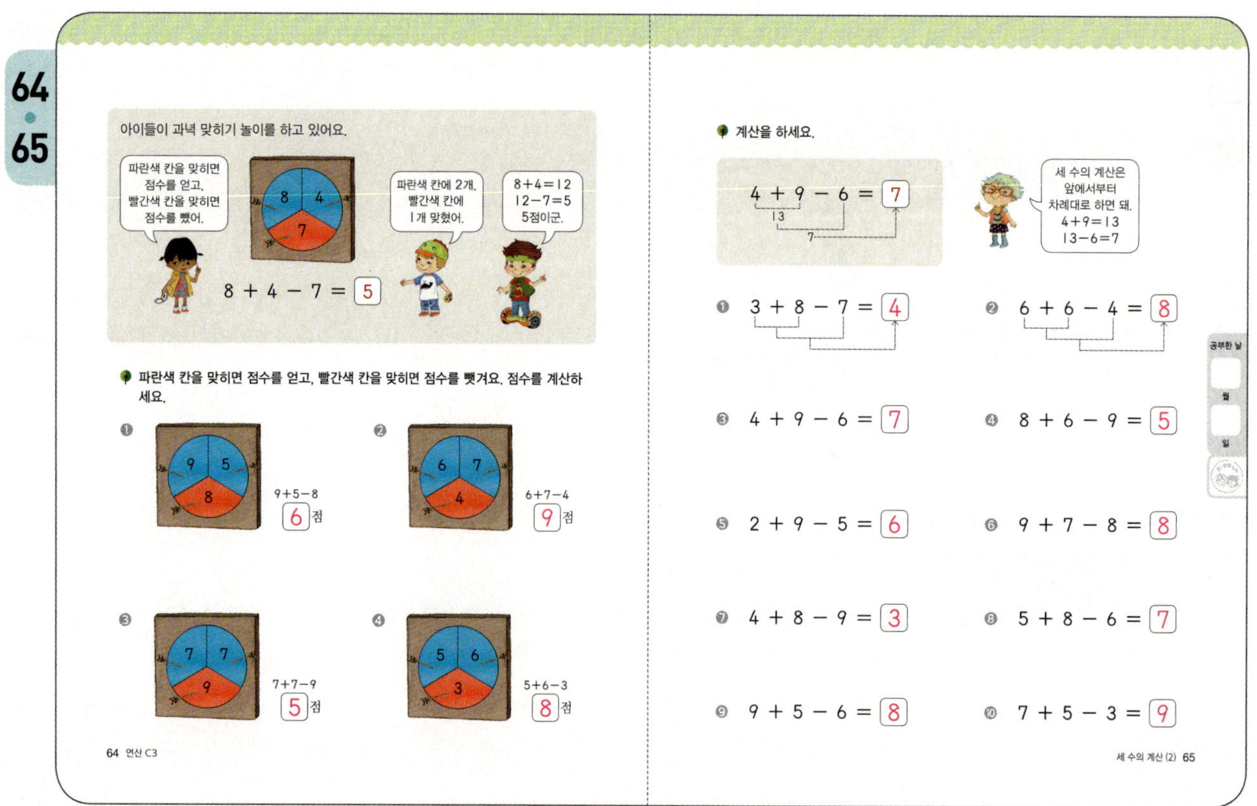

294 빼고 더하기

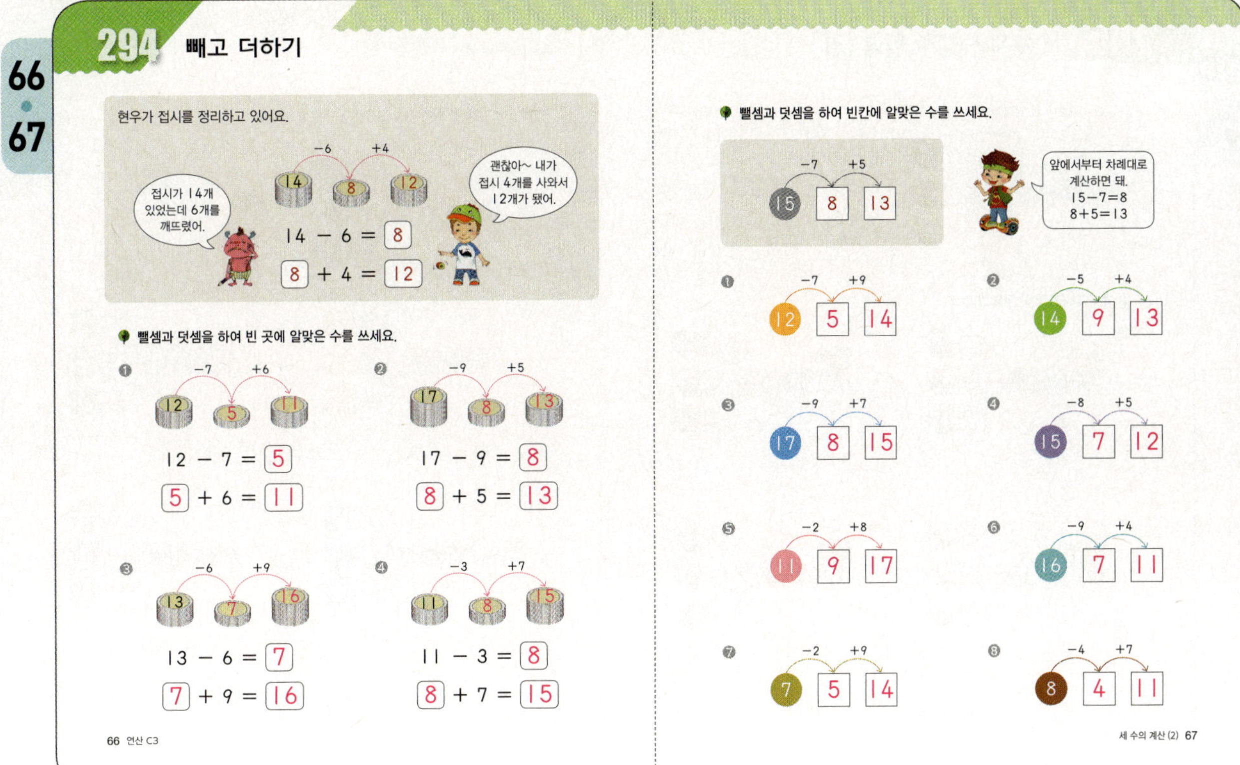

뺄셈과 덧셈을 하여 빈 곳에 알맞은 수를 쓰세요.

① −7 +6
12 5 11
12 − 7 = 5
5 + 6 = 11

② −9 +5
17 8 13
17 − 9 = 8
8 + 5 = 13

③ −6 +9
13 7 16
13 − 6 = 7
7 + 9 = 16

④ −3 +7
11 8 15
11 − 3 = 8
8 + 7 = 15

뺄셈과 덧셈을 하여 빈칸에 알맞은 수를 쓰세요.

① −7 +9
12 5 14

② −5 +4
14 9 13

③ −9 +7
17 8 15

④ −8 +5
15 7 12

⑤ −2 +8
11 9 17

⑥ −9 +4
16 7 11

⑦ −2 +9
7 5 14

⑧ −4 +7
8 4 11

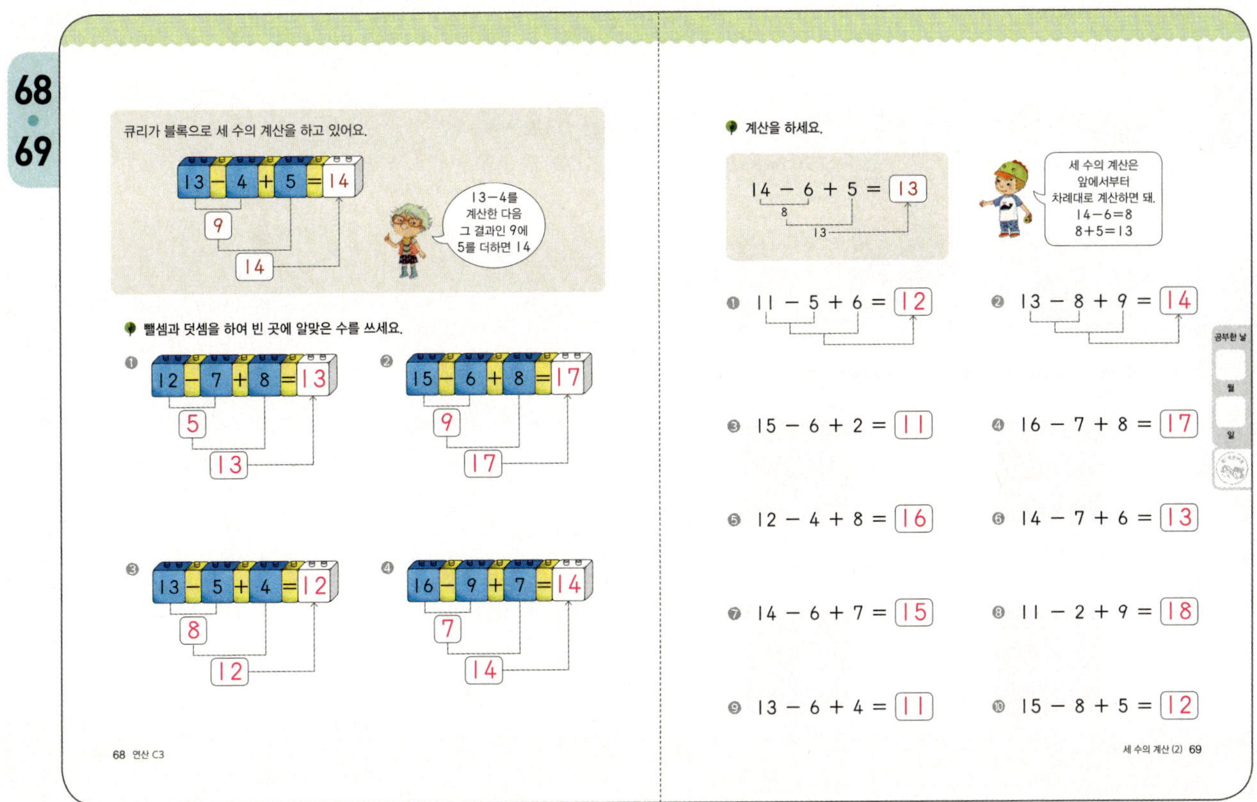

뺄셈과 덧셈을 하여 빈 곳에 알맞은 수를 쓰세요.

① 12 − 7 + 8 = 13
5
13

② 15 − 6 + 8 = 17
9
17

③ 13 − 5 + 4 = 12
8
12

④ 16 − 9 + 7 = 14
7
14

계산을 하세요.

① 11 − 5 + 6 = 12
② 13 − 8 + 9 = 14
③ 15 − 6 + 2 = 11
④ 16 − 7 + 8 = 17
⑤ 12 − 4 + 8 = 16
⑥ 14 − 7 + 6 = 13
⑦ 14 − 6 + 7 = 15
⑧ 11 − 2 + 9 = 18
⑨ 13 − 6 + 4 = 11
⑩ 15 − 8 + 5 = 12

공부한 날
월
일

정답 15

295 세 수의 덧셈과 뺄셈 (2)

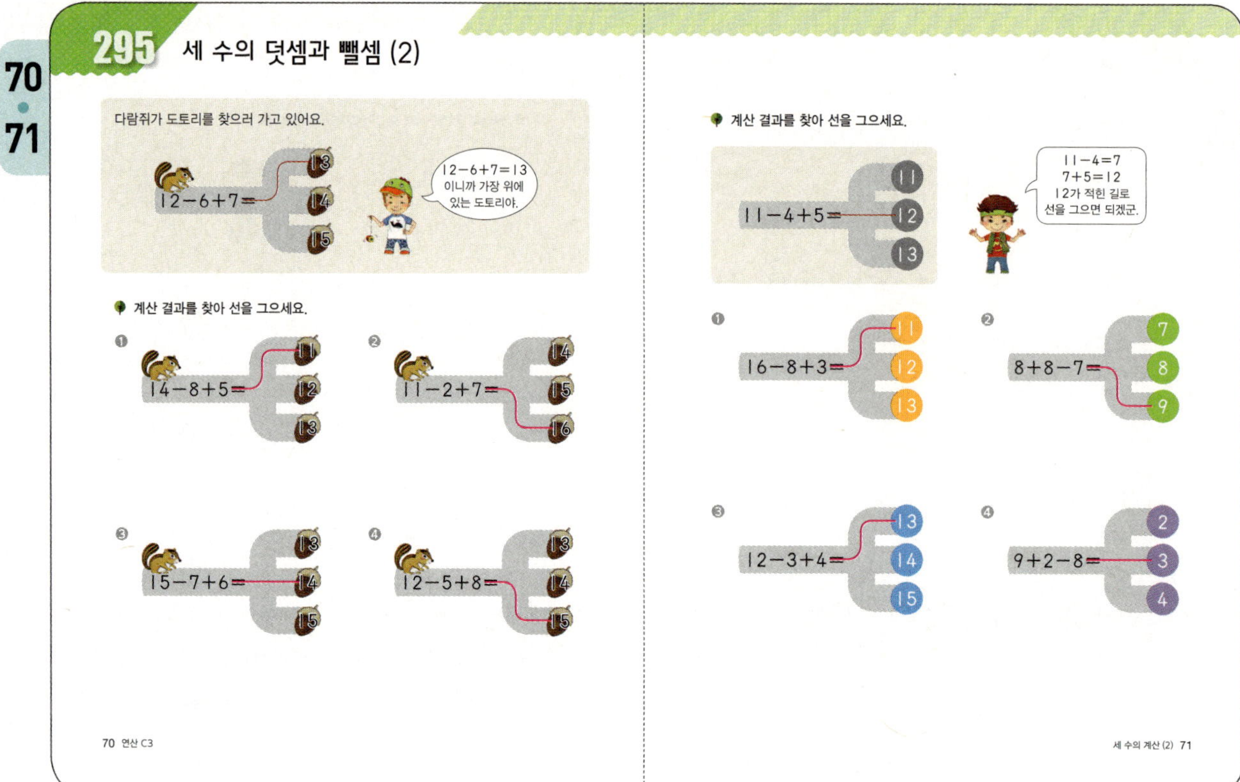

70 연산 C3　　　세 수의 계산 (2) 71

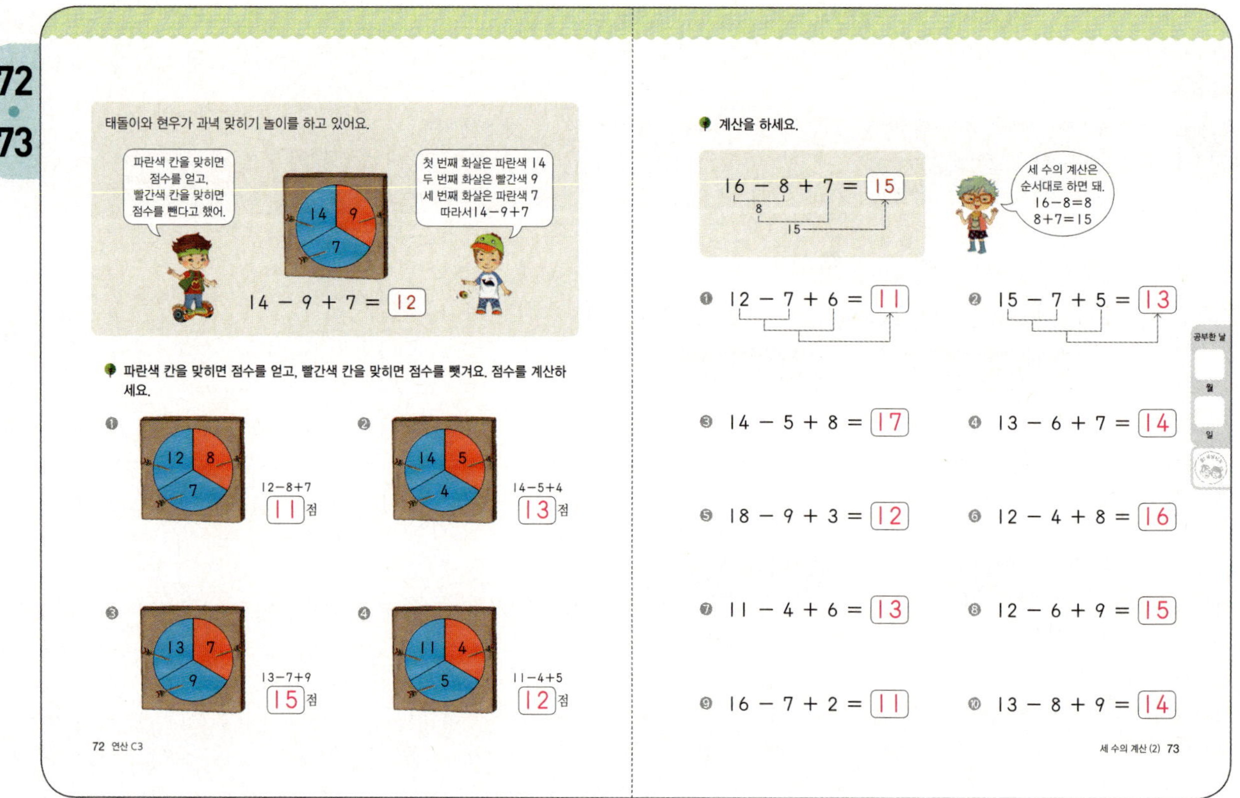

72 연산 C3　　　세 수의 계산 (2) 73

296 세 수의 계산

● 계산 결과가 10이 되는 곳을 찾아 선을 그어 보물 상자를 찾아가세요.

● 계산을 하세요.

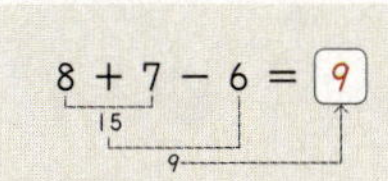
$$8 + 7 - 6 = \boxed{9}$$
15
9

❶ $9 + 4 - 8 = \boxed{5}$ ❷ $14 - 8 + 6 = \boxed{12}$

❸ $8 + 8 - 7 = \boxed{9}$ ❹ $12 - 4 + 7 = \boxed{15}$

❺ $6 + 7 - 9 = \boxed{4}$ ❻ $15 - 8 + 4 = \boxed{11}$

❼ $9 + 5 - 6 = \boxed{8}$ ❽ $11 - 6 + 8 = \boxed{13}$

❾ $6 + 6 - 5 = \boxed{7}$ ❿ $13 - 6 + 9 = \boxed{16}$

티나가 숫자 카드에 써 있는 수를 이용하여 식을 완성하고 있어요.

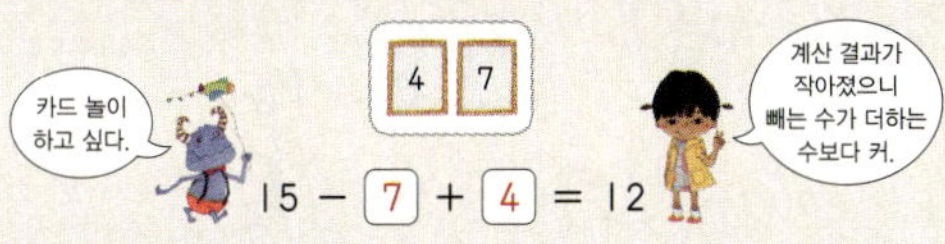

● 주어진 수를 □ 안에 한 개씩 넣어 식을 완성하세요.

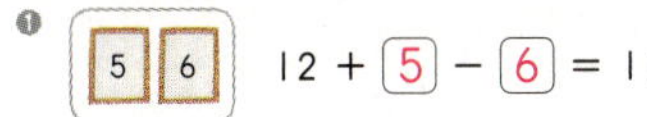
❶ 5 6 $12 + \boxed{5} - \boxed{6} = 11$

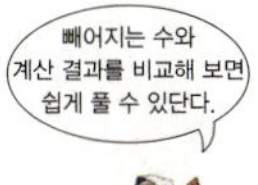
❷ 3 8 $14 - \boxed{8} + \boxed{3} = 9$

❸ 4 7 $13 + \boxed{4} - \boxed{7} = 10$

❹ 7 9 $15 - \boxed{9} + \boxed{7} = 13$

● 주어진 수를 □ 안에 한 개씩 넣어 식을 완성하세요.

❶ 4 7 6 $\boxed{6} + \boxed{7} - \boxed{4} = 9$
또는 7+6−4=9

❷ 4 5 13 $\boxed{13} - \boxed{5} + \boxed{4} = 12$

❸ 3 6 8 $\boxed{3} + \boxed{8} - \boxed{6} = 5$
또는 8+3−6=5

❹ 5 12 7 $\boxed{12} - \boxed{5} + \boxed{7} = 14$

❺ 7 8 9 $\boxed{7} + \boxed{9} - \boxed{8} = 8$
또는 9+7−8=8

78·79

무엇을 배웠을까요

▲ 덧셈과 뺄셈을 하여 빈칸에 알맞은 수를 쓰세요.

① 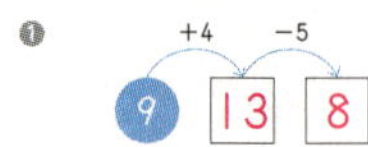 ② 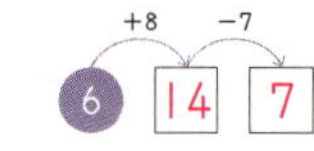

▲ 계산 결과를 찾아 선을 그으세요.

③ 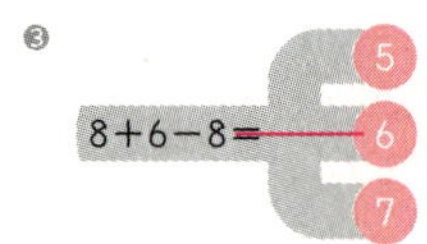 ④ 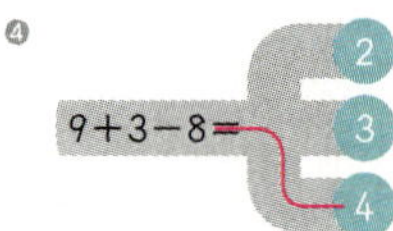

▲ 계산을 하세요.

⑤ $9 + 5 - 7 = 7$ ⑥ $7 + 8 - 6 = 9$

⑦ $8 + 4 - 9 = 3$ ⑧ $5 + 6 - 7 = 4$

⑨ $6 + 7 - 8 = 5$ ⑩ $7 + 6 - 5 = 8$

▲ 뺄셈과 덧셈을 하여 빈칸에 알맞은 수를 쓰세요.

⑪ 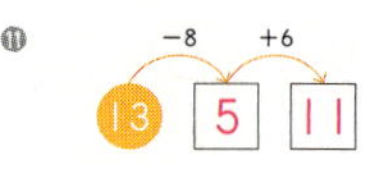 ⑫ 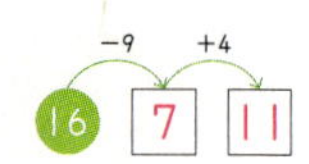

▲ 계산을 하세요.

⑬ $15 - 7 + 5 = 13$ ⑭ $6 + 8 - 9 = 5$

⑮ $14 - 6 + 8 = 16$ ⑯ $7 + 5 - 6 = 6$

⑰ $16 - 7 + 2 = 11$ ⑱ $8 + 3 - 3 = 8$

▲ 주어진 수를 □ 안에 한 개씩 넣어 식을 완성하세요.

⑲  $3 + 8 - 7 = 4$
또는 $8 + 3 - 7 = 4$

⑳ 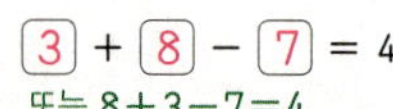 $12 - 3 + 9 = 18$

공부한 날
월
일

82·83

297 □가 있는 세 수의 계산 (1)

기차가 2대가 나란히 달리고 있어요.

▲ □ 안에 알맞은 수를 쓰세요.

①

②

③

▲ □ 안에 알맞은 수를 쓰세요.

$12 - 6 + 5 = 11$
$6 + 5 = 11$

① $2 + 6 + 5 = 13$ ② $9 + 4 + 2 = 15$
$8 + 5 = 13$ $13 + 2 = 15$

③ $5 + 8 - 4 = 9$ ④ $8 + 7 - 5 = 10$

⑤ $16 - 5 - 9 = 2$ ⑥ $15 - 2 - 6 = 7$

⑦ $17 - 6 + 3 = 14$ ⑧ $16 - 7 + 8 = 17$

자동차가 갈림길을 지나 집으로 가고 있어요.

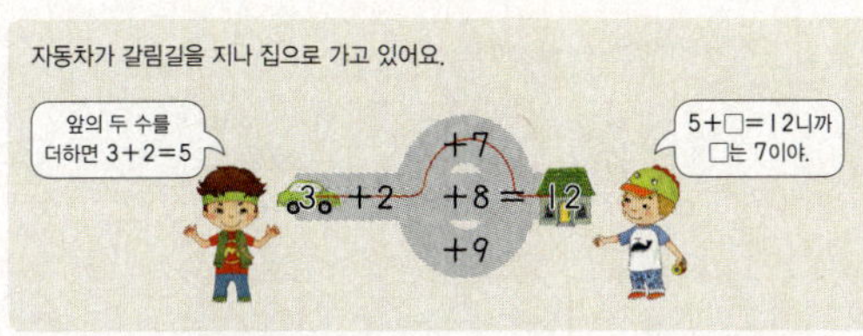

● 올바른 식이 되도록 선을 그으세요.

❶ 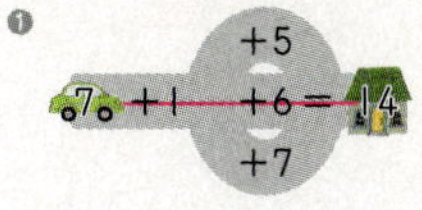

❷ 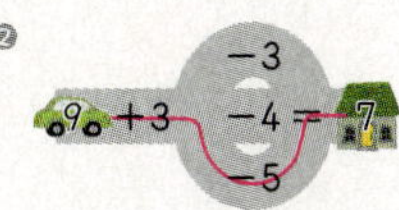

❸ 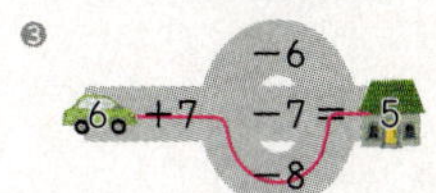

❹ 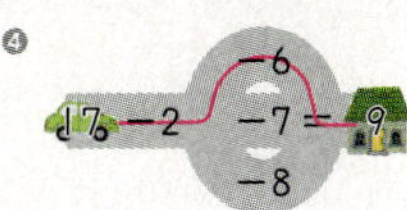

❺ 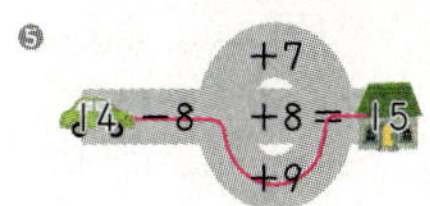

❻ 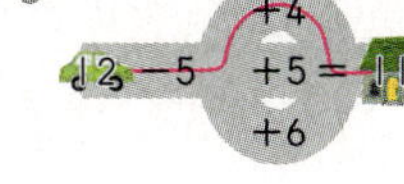

● □ 안에 알맞은 수를 쓰세요.

$$6 + 8 - \boxed{7} = 7$$
14

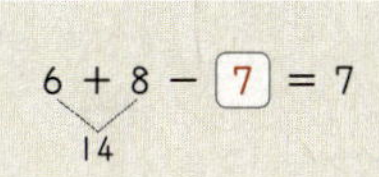 

❶ $7 + 8 + \boxed{3} = 18$
15

❷ $4 + 1 + \boxed{8} = 13$
5

❸ $9 + 5 - \boxed{6} = 8$

❹ $5 + 6 - \boxed{7} = 4$

❺ $7 + 7 - \boxed{8} = 6$

❻ $19 - 6 - \boxed{4} = 9$

❼ $13 - 7 - \boxed{5} = 1$

❽ $14 - 5 + \boxed{9} = 18$

❾ $16 - 8 + \boxed{3} = 11$

❿ $11 - 4 + \boxed{6} = 13$

---

298 모양이 나타내는 수

태돌이가 만든 식에 큐리가 붙임 딱지를 붙였어요.

● 같은 모양은 같은 수를 나타내요. ♥와 ★에 알맞은 수를 쓰세요.

❶
3 + 4 = 7
7 + 7 = 14

❷
18 − 5 = 13
13 − 9 = 4

❸
14 − 8 = 6
6 + 5 = 11

❹
8 + 4 = 12
12 + 3 = 15

● 같은 모양은 같은 수를 나타내요. 빈 곳에 알맞은 수를 쓰세요.

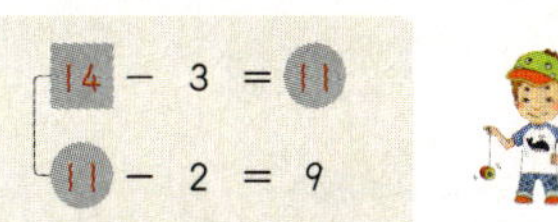 

❶
3 + 6 = 9
9 + 6 = 15

❷
8 + 5 = 13
13 − 7 = 6

❸
12 − 3 = 9
9 + 7 = 16

❹
13 − 5 = 8
8 − 6 = 2

❺
6 + 8 = 14
14 − 5 = 9

❻
11 − 3 = 8
8 + 4 = 12

정답 **19**

88 · 89

티나가 만든 식에 현우가 붙임 딱지를 붙였어요.
아래 식에서 15−6=9니까 ♥=9
11 − 2 + 6 = 15
9 + 6 = 15
위의 식에서 11−★=9니까 11−9=2 ★=2
★와 ♥에 알맞은 수를 쓰세요.
① 7 + 8 + 2 = 17
15 + 2 = 17
② 8 + 4 − 6 = 6
12 − 6 = 6
③ 13 − 8 − 4 = 1
5 − 4 = 1
④ 6 + 9 − 8 = 7
15 − 8 = 7
빈 곳에 알맞은 수를 쓰세요.
9 + 6 − 8 = 7
15 − 8 = 7
9+■=● ●−8=7
① 5 + 9 + 4 = 18
14 + 4 = 18
② 17 − 5 − 9 = 3
12 − 9 = 3
③ 14 − 7 + 4 = 11
7 + 4 = 11
④ 8 + 6 − 5 = 9
14 − 5 = 9
⑤ 17 − 7 + 3 = 13
10 + 3 = 13
⑥ 14 − 6 + 8 = 16
8 + 8 = 16
공부한 날
월
일
88 연산 C3
□가 있는 세 수의 계산 89

90 · 91

299 □가 있는 세 수의 계산 (2)
계산 결과가 같은 기차 2대가 나란히 달리고 있어요.
6 + 5 + 5 = 16
11 + 5 + 16
아래의 기차에서 □+5=16이니까 □=11이야. 따라서 위의 기차에서 6+□=11 □=5야.
□ 안에 알맞은 수를 쓰세요.
① 7 + 8 + 2 = 17
15 + 2 + 17
② 8 + 2 + 7 = 17
10 + 7 + 17
③ 16 − 8 − 4 = 4
8 − 4 = 4
□ 안에 알맞은 수를 쓰세요.
9 + 4 − 7 = 6
13 − 7 = 6
13−7=6이니까 9+□=13 □ 안에 알맞은 수는 4
① 5 + 7 + 3 = 15
12 + 3 = 15
② 9 + 8 + 1 = 18
17 + 1 = 18
③ 8 + 4 − 7 = 5
④ 5 + 3 + 8 = 16
⑤ 13 − 6 − 4 = 3
⑥ 6 + 7 − 9 = 4
⑦ 19 − 3 − 7 = 9
⑧ 17 − 2 − 8 = 7
90 연산 C3
□가 있는 세 수의 계산 91

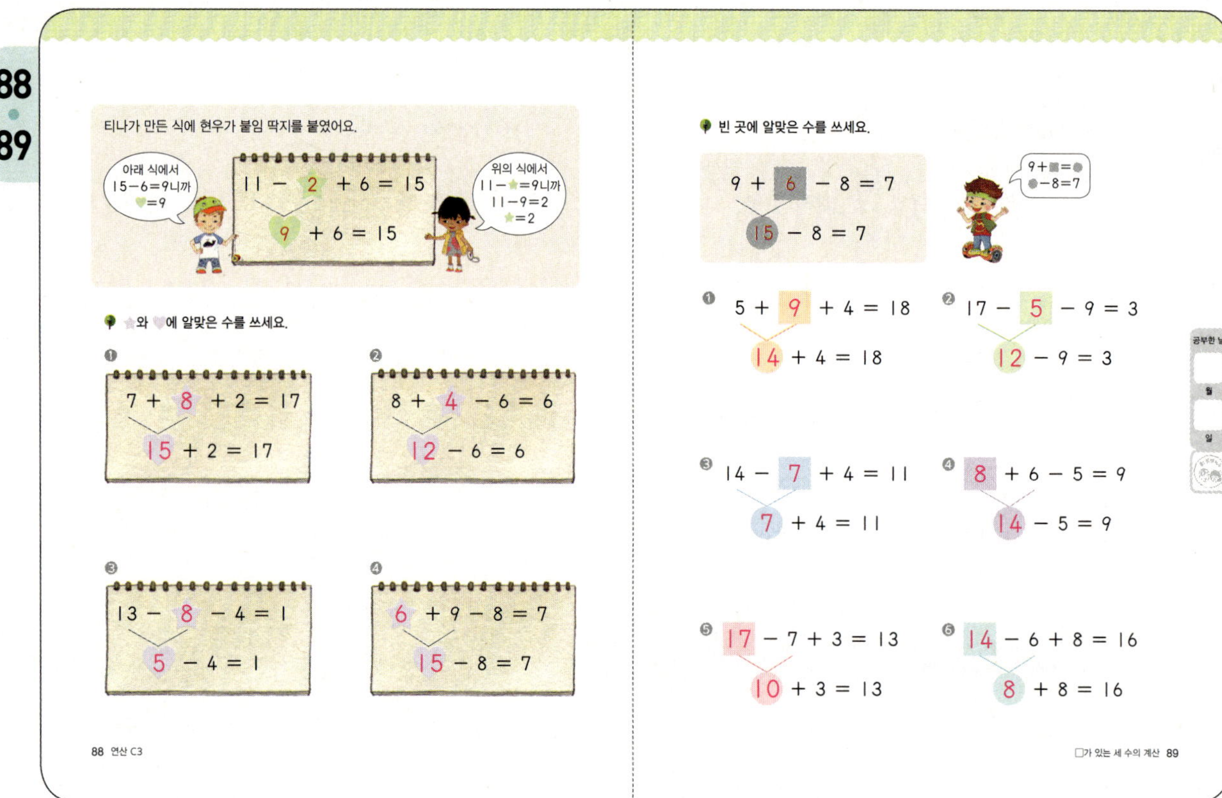

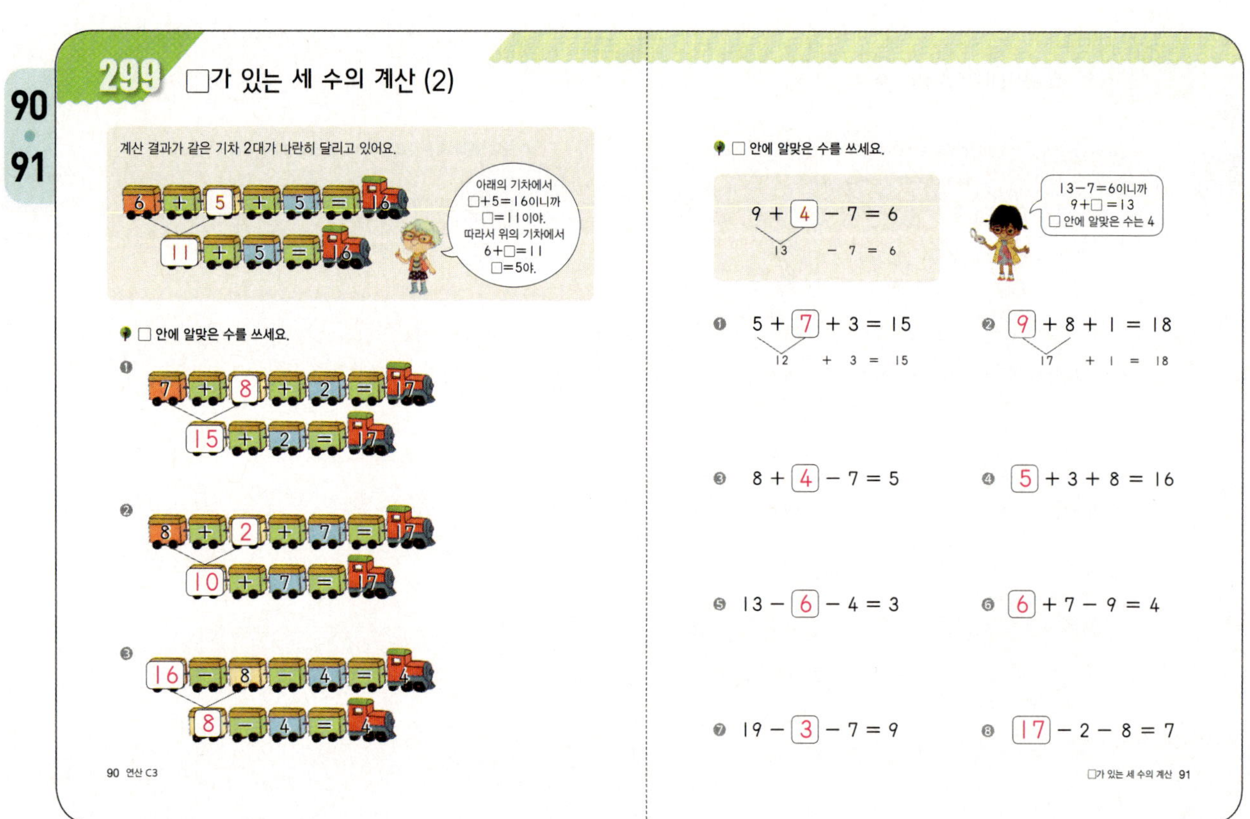

편지 봉투와 우체통을 알맞게 선으로 연결하세요.

92 연산 C3

□ 안에 알맞은 수를 쓰세요.

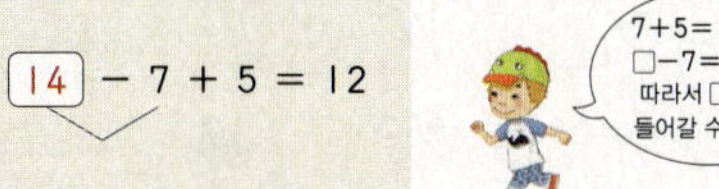

$$14 - 7 + 5 = 12$$

❶ $4 + 8 + 2 = 14$ ❷ $3 + 8 + 5 = 16$

❸ $5 + 9 - 7 = 7$ ❹ $7 + 6 - 9 = 4$

❺ $12 - 5 - 1 = 6$ ❻ $9 + 6 - 8 = 7$

❼ $16 - 7 + 3 = 12$ ❽ $19 - 5 - 6 = 8$

□가 있는 세 수의 계산 93

300 +와 −

자동차가 갈림길을 지나 집을 찾아가고 있어요.

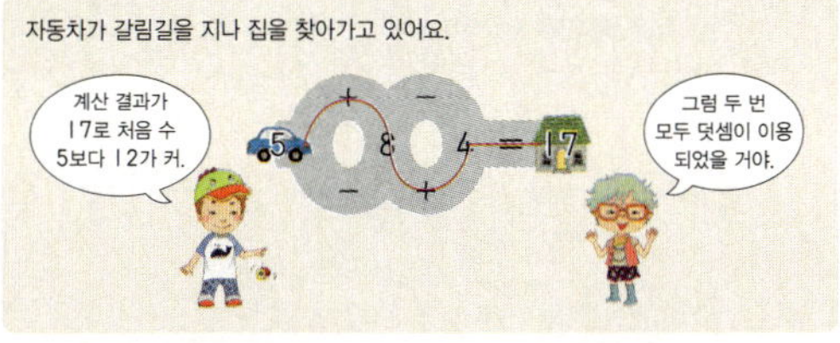

올바른 식이 되도록 선을 그으세요.

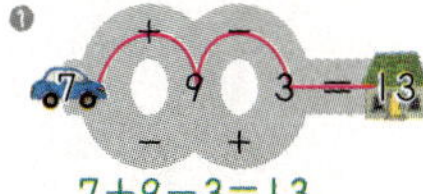

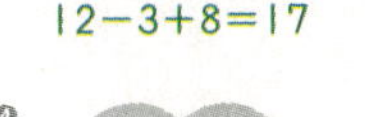

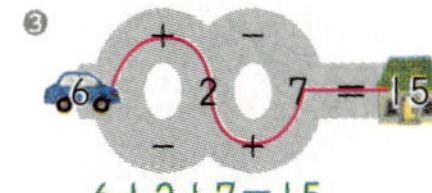

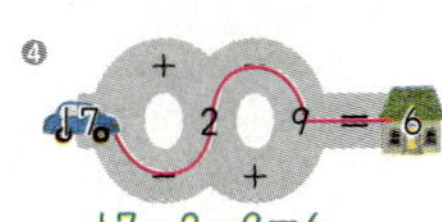

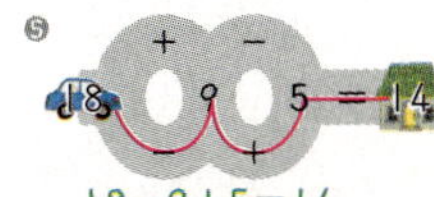

94 연산 C3

올바른 식이 되도록 선을 그으세요.

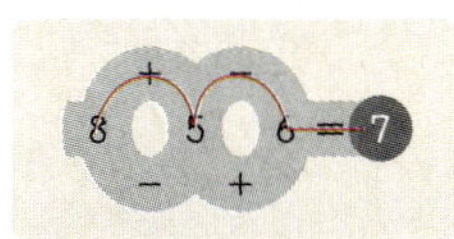

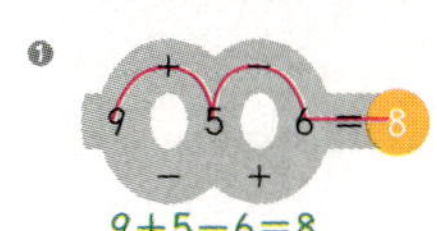
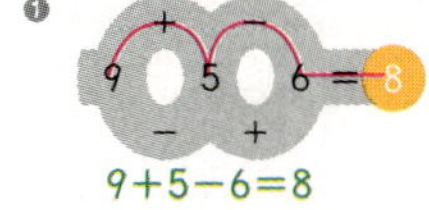

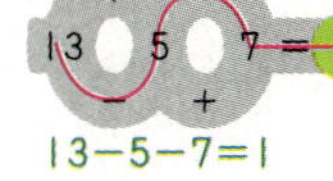

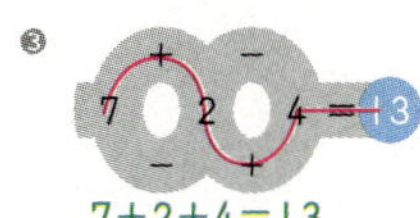

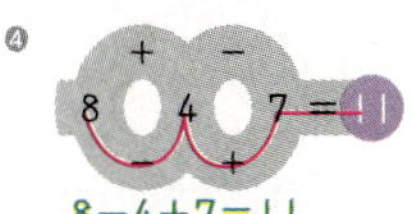
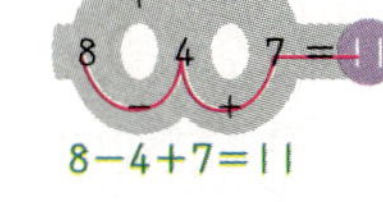

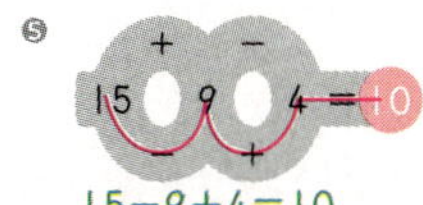

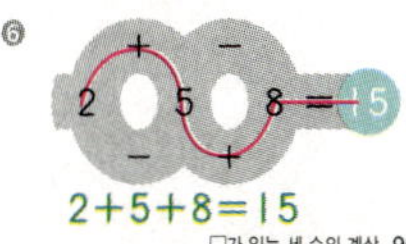

□가 있는 세 수의 계산 95

96 · 97

태돌이와 티나가 올바른 식을 만들고 있어요.

🍀 올바른 식이 되도록 알맞지 않은 기호를 찾아 ×표 하세요.

① 7 ⊕/⊗ 8 ⊗/⊖ 6 = 9

② 13 ⊗/⊖ 5 ⊕/⊗ 3 = 11

③ 8 ⊕/⊗ 4 ⊕/⊗ 2 = 14

④ 19 ⊗/⊖ 6 ⊗/⊖ 8 = 5

🌳 ○ 안에 + 또는 −를 쓰세요.

① 16 ⊖ 7 ⊕ 2 = 11   ② 5 ⊕ 8 ⊕ 2 = 15

③ 7 ⊖ 3 ⊕ 9 = 13   ④ 11 ⊕ 3 ⊖ 7 = 7

⑤ 9 ⊕ 6 ⊖ 3 = 12   ⑥ 18 ⊖ 4 ⊖ 6 = 8

⑦ 6 ⊕ 7 ⊕ 4 = 17   ⑧ 4 ⊕ 7 ⊖ 5 = 6

⑨ 14 ⊕ 2 ⊖ 8 = 8   ⑩ 13 ⊖ 8 ⊖ 1 = 4

---

98 · 99

❄ 무엇을 배웠을까요

▲ □ 안에 알맞은 수를 쓰세요.

① 5 + 9 − [6] = 8   ② 8 + 4 − [2] = 10

③ 17 − 5 − [5] = 7   ④ 14 − 8 + [3] = 9

▲ 같은 모양은 같은 수를 나타내요. 빈 곳에 알맞은 수를 쓰세요.

⑤ 12 − [2] = [10]
[10] + 7 = 17

⑥ [16] − 5 = [11]
[11] − 6 = 5

▲ 빈 곳에 알맞은 수를 쓰세요.

⑦ [18] − 7 + 4 = 15
[11] + 4 = 15

⑧ [13] − 6 + 9 = 16
[7] + 9 = 16

▲ □ 안에 알맞은 수를 쓰세요.

⑨ 13 − [4] − 2 = 7   ⑩ [12] + 6 − 9 = 9

⑪ 17 − [8] + 3 = 12   ⑫ [19] − 3 − 8 = 8

▲ 올바른 식이 되도록 선으로 이으세요.

⑬ 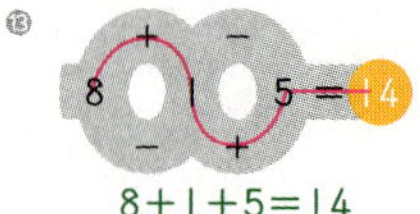

8+1+5=14

⑭ 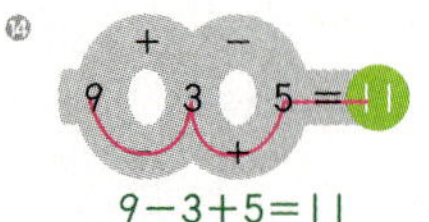

9−3+5=11

▲ ○ 안에 + 또는 −를 쓰세요.

⑮ 7 ⊖ 3 ⊕ 6 = 10   ⑯ 16 ⊖ 5 ⊖ 2 = 9

⑰ 8 ⊕ 2 ⊕ 3 = 13   ⑱ 5 ⊕ 8 ⊖ 6 = 7

덧셈과 뺄셈의 관계
관련 쪽수: 6~31쪽

❖ 덧셈식을 보고 뺄셈식 2개를 만드세요.

① $9 + 7 = 16$

$16 - 7 = 9$
$16 - 9 = 7$

② $4 + 8 = 12$

$12 - 8 = 4$
$12 - 4 = 8$

❖ 뺄셈식을 보고 덧셈식 2개를 만드세요.

③ $14 - 8 = 6$

$6 + 8 = 14$
$8 + 6 = 14$

④ $13 - 9 = 4$

$4 + 9 = 13$
$9 + 4 = 13$

❖ □ 안에 알맞은 수를 쓰세요.

⑤ $16 - 7 = 9$

⑥ $13 - 8 = 5$

⑦ $12 - 4 = 8$

⑧ $13 - 7 = 6$

❖ □ 안에 알맞은 수를 쓰세요.

⑨ $7 + 8 = 15$

⑩ $6 + 7 = 13$

⑪ $9 + 3 = 12$

⑫ $8 + 5 = 13$

❖ □ 안에 알맞은 수를 쓰세요.

⑬ $5 + 9 = 14$

⑭ $8 + 4 = 12$

⑮ $7 + 6 = 13$

⑯ $9 + 2 = 11$

❖ 주어진 숫자 4개를 □ 안에 한 개씩 넣어 식을 완성하세요.

⑰ 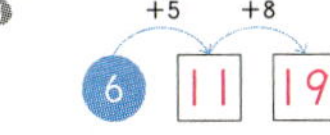 1 5 8 3

$5 + 8 = 13$
$8 + 5 = 13$

⑱ 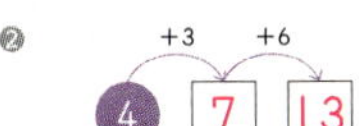 6 1 7 9

$16 - 7 = 9$
$16 - 9 = 7$

세 수의 계산 (1)
관련 쪽수: 34~55쪽

❖ 덧셈을 하여 빈칸에 알맞은 수를 쓰세요.

① $+5$ $+8$

6 11 19

② $+3$ $+6$

4 7 13

❖ 세 수의 덧셈을 하세요.

③ $3 + 7 + 5 = 15$

④ $8 + 1 + 4 = 13$

⑤ $4 + 6 + 6 = 16$

⑥ $9 + 2 + 7 = 18$

⑦ $5 + 4 + 6 = 15$

⑧ $5 + 3 + 4 = 12$

⑨ $7 + 6 + 5 = 18$

⑩ $8 + 3 + 1 = 12$

⑪ $2 + 4 + 8 = 14$

⑫ $6 + 7 + 4 = 17$

⑬ $4 + 3 + 5 = 12$

⑭ $7 + 5 + 7 = 19$

❖ 뺄셈을 하여 빈칸에 알맞은 수를 쓰세요.

⑮ -7 -4

15 8 4

⑯ -3 -6

17 14 8

❖ 세 수의 뺄셈을 하세요.

⑰ $15 - 3 - 5 = 7$

⑱ $16 - 6 - 9 = 1$

⑲ $16 - 6 - 3 = 7$

⑳ $13 - 2 - 5 = 6$

㉑ $11 - 5 - 4 = 2$

㉒ $18 - 4 - 5 = 9$

㉓ $19 - 7 - 7 = 5$

㉔ $12 - 7 - 2 = 3$

㉕ $17 - 6 - 9 = 2$

㉖ $14 - 3 - 3 = 8$

㉗ $11 - 5 - 1 = 5$

㉘ $18 - 4 - 8 = 6$

세 수의 계산 (2)

관련 쪽수: 58~79쪽

✛ 덧셈과 뺄셈을 하여 빈칸에 알맞은 수를 쓰세요.

① 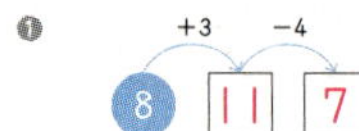
      +3   −4
     8   11   7

② 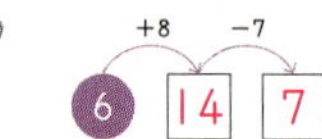
      +8   −7
     6   14   7

✛ 계산을 하세요.

③ $7 + 9 - 7 = 9$ ④ $8 + 4 - 6 = 6$

⑤ $9 + 3 - 7 = 5$ ⑥ $7 + 8 - 6 = 9$

⑦ $8 + 5 - 9 = 4$ ⑧ $6 + 6 - 7 = 5$

⑨ $5 + 9 - 7 = 7$ ⑩ $6 + 4 - 7 = 3$

⑪ $7 + 5 - 4 = 8$ ⑫ $4 + 7 - 9 = 2$

⑬ $7 + 5 - 8 = 4$ ⑭ $8 + 6 - 7 = 7$

✛ 뺄셈과 덧셈을 하여 빈칸에 알맞은 수를 쓰세요.

⑮ 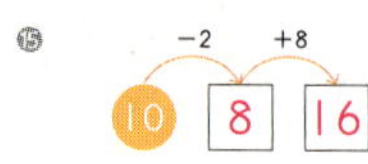
      −2   +8
     10   8   16

⑯ 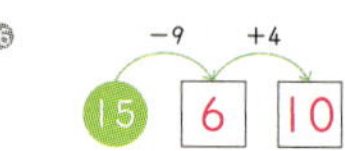
      −9   +4
     15   6   10

✛ 계산을 하세요.

⑰ $11 - 5 + 7 = 13$ ⑱ $15 - 8 + 9 = 16$

⑲ $12 - 6 + 4 = 10$ ⑳ $16 - 8 + 9 = 17$

㉑ $11 - 4 + 8 = 15$ ㉒ $15 - 7 + 6 = 14$

㉓ $17 - 8 + 9 = 18$ ㉔ $11 - 2 + 8 = 17$

㉕ $14 - 6 + 4 = 12$ ㉖ $14 - 8 + 5 = 11$

㉗ $12 - 4 + 8 = 16$ ㉘ $14 - 7 + 6 = 13$

□가 있는 세 수의 계산

관련 쪽수: 82~99쪽

✛ □ 안에 알맞은 수를 쓰세요.

① $8 + \boxed{3} - 6 = 5$ ② $\boxed{4} + 3 + 9 = 16$

③ $14 - \boxed{7} + 4 = 11$ ④ $\boxed{5} + 7 - 8 = 4$

⑤ $18 - \boxed{6} - 3 = 9$ ⑥ $\boxed{16} - 2 - 7 = 7$

⑦ $5 + \boxed{8} - 6 = 7$ ⑧ $\boxed{9} + 6 - 9 = 6$

⑨ $12 - \boxed{5} - 1 = 6$ ⑩ $\boxed{9} + 6 - 8 = 7$

✛ ○ 안에 + 또는 −를 쓰세요.

⑪ $13 \ominus 6 \oplus 5 = 12$ ⑫ $17 \ominus 5 \ominus 6 = 6$

⑬ $6 \oplus 8 \ominus 7 = 7$ ⑭ $4 \oplus 7 \oplus 5 = 16$